SEÑALES
DEL CIELO

Mensajes de los ángeles sobre tu propósito
de vida, tus relaciones, tu salud y mucho más

DOREEN VIRTUE
Y CHARLES VIRTUE

Grupo Editorial Tomo, S. A. de C. V.
Nicolás San Juan 1043,
03100, México, D. F.

1a. edición, octubre 2014.

© *Signs from Above*
   Copyright © 2008 por Doreen Virtue y Charles Virtue
   Publicación original en inglés 2008 por
   Hay House Inc., U. S. A.

© 2014, Grupo Editorial Tomo, S. A. de C. V.
   Nicolás San Juan 1043, Col. Del Valle
   03100 México, D. F.
   Tels. 5575-6615, 5575-8701 y 5575-0186
   Fax. 5575-6695
   www.grupotomo.com.mx
   ISBN-13: 978-607-415-696-6
   Miembro de la Cámara Nacional
   de la Industria Editorial No. 2961

Traducción: Lorena Hidalgo Zebadúa
Diseño de portada: Karla Silva
Formación tipográfica: Marco A. Garibay
Supervisor de producción: Leonardo Figueroa

Este libro se publicó conforme al contrato establecido entre
Hay House, Inc., y *Grupo Editorial Tomo, S. A. de C. V.*

Impreso en México - *Printed in Mexico*

Queremos dedicar este libro
al arcángel Miguel, cuya ayuda,
fortaleza y apoyo nos permitió
tener el valor para cambiar nuestras vidas
y así ayudar a los demás
para que cambien las suyas.

CONTENIDO

INTRODUCCIÓN

Tus ángeles están siempre contigo y todo el tiempo están hablándote —especialmente como respuesta a tus oraciones—. Cuando la vida está llena de estrés, no necesariamente escuchas sus suaves voces angelicales, las cuales llegan en forma de sentimientos y pensamientos de intuición. En esos casos, estos seres celestiales llevan sus mensajes a un nivel más concreto y te mandan señales del cielo.

Sus señales son:

- Repetitivas
- Fuera de lo común
- Reguladas para que coincidan con las oraciones o preguntas que le has hecho al Divino.

A lo largo de la vida pasamos por celebraciones, retos, tiempos difíciles, ocasiones de felicidad, pérdidas y reuniones. Algunas veces, incluso la gente más espiritual, puede sentirse como si caminara sola, sin una mano que le ayude. Pero, puesto que los ángeles están siempre a nuestro alrededor, también está su guía.

Estos mensajeros celestiales están aquí para ayudarnos a estar en paz y a guiarnos para auxiliar a otras personas a que lo sean. Sin embargo, los ángeles no intervienen si no tienen nuestro permiso, ya que respetan nuestro libre albedrío. A fin de cuentas, estamos en esta vida para aprender y evolucionar a nivel del alma, tanto en lo bueno como en lo malo. Antes de nacer elegimos una serie de metas y lecciones para nuestra vida en la tierra. Es un tipo de contrato sagrado que determina el tipo de vida que vamos a vivir.

Como alma, estás destinado a experimentar todo lo que la vida tiene para ofrecerte. Si naciste en una familia aristócrata o eres una persona promedio, esta vida es tu oportunidad para encontrar lo que necesitas para desarrollarte a nivel del alma.

Cuando los ángeles nos ayudan a lo largo de nuestra vida, algunas veces lo hacen de manera que no siempre nos damos cuenta de inmediato, y se debe a que están aquí para guiar y proteger, no para dirigir y mandar. Suelen dejar respuestas, pistas, mensajes y advertencias por medio de *señales* —signos, o algo inesperado, que nos hacen saber que están con nosotros—. A pesar de que esta forma de comunicación es tan antigua como la humanidad, casi no se conoce, ni se entiende, ni se reconoce. Los ángeles quieren que dicha situación cambie porque las señales son la manera más común y directa que tienen para ponerse en contacto con nosotros. Desean ayudar a que estemos más conscientes del hecho de que constantemente nos mandan mensajes, todos los días de nuestra vida.

Hoy ya te han mostrado varias señales... y antes de que te vayas a dormir, vas a encontrarte muchas más.

Hay dos pasos para experimentar las señales del cielo: (1) cree en ellas y (2) pon atención. La magnitud y la regularidad de esas señales varían de persona a persona y de situación a situación, son abundantes y están para ayudarnos. Las transformaciones increíbles de la vida se dan cuando aprendemos a ver y a usar los mensajes que nos dan los ángeles todos los días, en cualquier situación, grande o pequeña.

A medida que leas este libro, es probable que te des cuenta de las muchas veces que los ángeles *te* han mandado señales. Piensa en el reto importante más reciente al que te hayas enfrentado y recuerda las señales insistentes que recibiste como respuesta a tu petición de ayuda. ¿Cómo te guiaron? ¿Hubo aspectos de esa situación en particular que, al parecer, se hayan acomodado solos? Si contestaste que sí, entonces es probable que hayas seguido las señales que te mostraron.

No todas las señales son pequeñas, no todas son enormes. Cada una está para cumplir un propósito específico, ya sea para consolarte, ayudarte a tomar una decisión o para confirmarte algo que ya sabías, pero no estabas seguro. Seguir las señales, no solo te guía para salir de las situaciones, sino que te ayuda a que tomes decisiones que sean compatibles con tus metas y tu camino de vida. Prestar atención a una señal te conduce a otras, y al final, mejora todos los aspectos de tu vida y te da la satisfacción y la sensación de aliento de que estás viviendo con un propósito —*tu* propósito.

Escuchar las señales, le demuestra al reino angélico que estás abierto, receptivo y dispuesto a que te muestren más... ¡los alienta a que te den aún más! Si alguna vez has sentido que las señales te rehúyen, pídele a tus ángeles que te enseñen algo diferente o que su ayuda sea más obvia o pertinente para ti.

Nuestro trabajo no es *buscar* las señales; sino *darnos cuenta* de las señales. La diferencia es sutil. Buscarlas con desesperación se traduce en tensión, lo cual hace que la comunicación angélica sea más difícil. Pero si estás relajado, tu cuerpo y tu alma están alineados con la energía angélica que te rodea, entonces fluyen y nos protegen.

Entonces, así como estás permitiendo que te sea revelada la información que hay en estas páginas, relájate y disfruta mientras aprendes a pedir, ver y reconocer las señales de los ángeles.

Aunque la variedad de señales que puedes encontrar es casi ilimitada, muchas de las formas en las que te llegan son consistentes y poderosas. Este libro te guiará por medio de ejemplos de las maneras más comunes en las que el Cielo entrega sus mensajes, como nubes en forma de ángeles, monedas, plumas, arcoíris y canciones que tengan significado para ti. También vas a leer historias verdaderas de gente que fue guiada, protegida y sanada con la ayuda de las señales de los ángeles.

Capítulo uno

Nubes de felicidad

Las nubes son cuerpos celestes de humedad, planeando en el cielo como ángeles de protección mientras flotan sobre nuestro mundo. A los ángeles les encanta usar estas maravillas de la naturaleza para enviarnos señales porque pueden tomar cualquier forma y verlas es algo espectacular. En este capítulo vamos a explorar la manera en que las nubes son usadas con frecuencia para enviar señales, mensajes y sensación de tranquilidad o bienestar.

Tenemos el primer ejemplo con Kathie Robertson, quien recibió una señal de su "mejor amigo" para hacerle saber que nunca estarían separados:

> Willie y yo fuimos los mejores amigos durante los diez años que estuvimos juntos. Era un *border collie* muy grande con pelo

largo de color blanco y negro. Aunque el tamaño de Willie solía intimidar a la gente, en realidad era manso como un cordero. Los niños le decían nuestro "gigante amable". Su alma era hermosa, tierna; yo lo quería mucho. Él era completamente fiel y le gustaba sentarse en mis piernas durante horas.

Cuando tenía cuatro años, Willie desarrolló epilepsia y, conforme pasaron los años, la enfermedad fue en aumento. Finalmente, en marzo de 2005 tuvimos que despedirnos. Después de que Willie se fue, yo esperaba que se me apareciera en sueños, pero pasaron los meses y no lo hacía.

Después empecé a tener problemas con mi esposo y la vida se volvió todavía más difícil. Les pedí a los ángeles que en mis sueños me mandaran un mensaje que me animara y me diera alegría. (En el fondo esperaba que me dijeran que pronto encontraría la olla llena de oro al final del arcoíris.) Más bien, recibí el mensaje después de comer con varios amigos.

Nos lo pasamos muy bien y, cuando terminamos de comer, todos salimos del restaurante. En cuanto salimos vi que había una enorme nube, blanca como algodón, que flotaba demasiado cerca del suelo, como a la altura de la parte superior de un poste de teléfono. La nube era completamente opaca excepto por una oscura "grieta" grande que había en la parte inferior. Les dije a mis amigos que vieran esa nube tan fuera de lo normal y, cuando nos quedamos mirándola, ¡se convirtió en mi amado Willie! Se veía majestuoso, igual que cuando era joven y estaba sano. Empecé a gritar, "¡Willie, por fin has venido a visitarme!".

¡Fue una manera de visitarme tan alegre y estimulante! Fue el mejor mensaje que los ángeles pudieron haberme enviado. De forma totalmente angélica, me aseguraron que mi amado Willie estaba con ellos en el cielo y que estaba sano y feliz. Y ahora *yo* estoy feliz y me siento en paz sabiendo que él está en el reino del cielo.

❖ ❖ ❖

Los ángeles y nuestros seres queridos que ya no están, frecuentemente nos envían señales, como pájaros, mariposas y flores; un aroma único que asociamos a la persona que murió (un perfume favorito, por ejemplo, o humo de tabaco, si la persona solía fumar), incluso señales titilantes en la televisión o en la luz de la casa. Sin embargo, las nubes son una de las formas más comunes en las que recibimos mensajes de "te amo" del cielo.

¿Cuántas formas de nubes con mensajes de consuelo de parte de tus seres queridos que ya no están crees que has visto durante tu vida? Si has estado abierto a su presencia, lo más probable es que sean... muchas. No te preocupes porque se te hayan pasado algunas, mantén los ojos mirando al cielo porque los ángeles no se detendrán ante nada para enviarte los mensajes que pediste y que necesitas.

La historia de Carole Edwards es un ejemplo perfecto de la manera en que usan imágenes de sí mismos para llamar nuestra atención y darnos consuelo:

Una tranquila y fresca tarde de 2007, estaba sentada en el pasto mirando las nubes. Una tomó la forma perfecta de un ángel, fue un espectáculo que me llenó de asombro y me confirmó que el cielo nos cuida. El ángel tenía unas alas enormes y abiertas, y tenía una corona que flotaba sola. Se veía una hermosa sonrisa amplia y parecía que los ojos de la figura estaban mirando directamente hacia mí.

Después, la nube pareció derretirse y desaparecer, dejando tras de sí un espacio vacío. Volteé a ver al otro lado del cielo y descubrí otra nube que era la imagen exacta de mi padre y estaba mirándome. Mi papá murió de manera repentina en 2001, así que verlo hizo que se me llenaran los ojos de lágrimas. Me llenó de una maravillosa sensación de amor y abrigo, y confirmó que mi papá sigue por aquí, cuidándome y haciéndome saber que se preocupa.

Esa imagen se desvaneció tan rápido como la otra, pero yo me quedé con una fe renovada en los ángeles y los espíritus. Esas imágenes me llenaron de amor, gozo y esperanza.

* * *

Aunque suene a cliché, voltear a ver las nubes cuando estás preocupado, te ayuda a soltar aquello por lo que estás afligido. Los ángeles quieren ayudarte a pasar las situaciones difíciles de la vida… y pueden demostrarlo. La siguiente vez que te sientas sensible, negativo o molesto, visualiza que todo lo que te preocupa es entregado a los ángeles. Cuando voltees a ver las nubes sentirás como si literalmente estuvieran quitándote un peso de encima, como descubrió Carolyn Ota:

> Hace dos veranos me despidieron del trabajo. Era la segunda vez que me liquidaban en menos de dos años y, a mis 50 años de edad, me sentía devastada, herida y enojada. No podía dejar de pensar en ello y estaba atormentándome a mí misma con preocupación. Acababa de terminar de leer *Terapia con ángeles*, pero creo que no absorbí nada de lo que leí.

Íbamos en el coche, de California a Arizona, a una reunión familiar y mi esposo manejaba. Traté de relajarme, pero seguía dándole vueltas en la cabeza a todo lo negativo. Finalmente, me di cuenta de que tenía que poner el asunto en manos de los ángeles. Hice el respaldo del asiento hacia atrás y me puse a mirar las nubes. Durante las seis horas que duró el viaje, vi unas hermosas formas de ángeles celestiales entre las nubes. Me inundó una sensación de calma junto con un sentimiento de perdón a quienes me habían lastimado. Sentí como si hubiera hecho un gran avance y ahora podía continuar con mi vida.

Como resultado de estar desempleada pude irme un mes de vacaciones a Grecia con mi familia. Era algo que queríamos hacer desde hacía mucho tiempo y solo podía suceder si yo no estaba trabajando. Cuando regresé a mi casa recibí tres ofertas de trabajo y decidí meterme a trabajar a la escuela de mi hija. ¡Eso por sí mismo fue una bendición!

Todos hemos escuchado el dicho que "Los problemas son solo bendiciones disfrazadas". Y no puede ser más cierto, pero, hasta que no reconozcas la bendición que se esconde dentro de un problema, entonces te sentirás preocupado y deprimido. Puesto que todos estamos en el camino de la vida, las cosas solo pueden ocurrir cuando llegamos a un momento en particular. No podemos apresurar nada, y el tiempo es Divino. Así que, aunque ahora las respuestas no te parezcan evidentes, pídeles a los ángeles una señal de que todo va a estar bien. Seguramente te la mandan, como le pasó a Joe Hoftiezer:

La juventud fue una época muy difícil y solitaria de mi vida. Cuando tenía 23 años, iba al centro de estudios superiores y vivía en casa de mis padres. Resulta que tomé un libro sobre ángeles y cómo trabajar con ellos. En una parte decía que tienes que pedirles a tus ángeles de la guarda que intervengan en tu vida para que así puedan ayudarte. Y fue exactamente lo que yo hice.

En ese punto sentía un gran dolor emocional, era algo que entonces no conocía, y estaba en medio de una profunda depresión. No esperaba que pasara nada, pero poco después de pedir a los ángeles, ¡algo pasó!

Iba camino a la escuela manejando cuesta arriba por la colina. Era muy temprano en la mañana, los colores del amanecer seguían en el cielo, y de repente noté que justo en centro del cielo había una nube con forma de ángel cuyas alas cruzaban el cielo.

Me sentí tan sorprendido y contento que los ojos se me llenaron de lágrimas. ¡Había funcionado! ¡Los ángeles me habían respondido! El recuerdo de la emoción y la belleza de ese momento siempre me hacen sonreír. Después de ese evento, las cosas no se volvieron color de rosa, pero yo me sentía menos solo y estaba lleno de esperanza. Entonces supe que los ángeles son reales y que estaban conmigo y, aunque todavía me esperaban momentos difíciles, me acordaba de ese incidente y sonreía porque recordaba la luz de ese momento.

Es sorprendente que algunos de nuestros pensamientos más fortuitos, en realidad son mensajes. En la siguiente historia, Kelly-Sue nos enseña que los ángeles pueden enviarnos señales que ayudan a convertir una situación aparentemente trágica en una situación de sanación y unión. Ver una imagen en una nube le permitió darse cuenta de los regalos que la vida le había dado. Saber que tu vida, y la de la gente más cercana a ti, tiene un significado es uno de los regalos más importantes que puedes recibir.

Estaba sentada en el jardín pensando en mi mamá y mi hijo. Me llené de sentimientos de amor y agradecimiento y se me hinchó el corazón. Nunca antes había sentido una emoción tan arrolladora.

Miré hacia el cielo y vi dos nubes: parecían como un ángel grande tomando de la mano a uno más pequeño. Supe que representaban a mi madre y a mi hijo. Me quedé pasmada ante el impacto de esa visión.

Dos semanas más tarde le diagnosticaron cáncer terminal a mi mamá. Me dediqué a cuidarla y nuestra relación se fortaleció. En momentos de desesperación, me acordaba de los ángeles de las nubes, lo cual me ayudó a ser fuerte por mi madre. Murió cinco meses después.

Sentí una enorme tristeza (como cualquiera la habría sentido), y algunas veces vuelvo a sentirla. Pero escribir esto me ayudó a saber que mi mamá está bien y está en la luz. Su amor permanece.

❋ ❋ ❋

Los ángeles solo nos piden que creamos en sus mensajes y que los escuchemos. Puesto que su función no es controlar nuestra vida, algunas veces, su acción más poderosa es darnos consuelo. Las señales de los ángeles nos dejan saber que no estamos solos y que vamos por el camino adecuado en la vida. Cuando sentimos el poder y el amor del Cielo y nos damos cuenta de que los ángeles están junto a nosotros, las cosas que nos parecen problemas gigantescos se vuelven meros baches en el camino, como ilustra la historia de Hiroko Iwasa:

Mi manera de ver la vida ha cambiado mucho desde que veo ángeles en las nubes. Hace tres años renuncié a mi trabajo y aprendí sobre aromaterapia. Unos meses después obtuve la licencia para poder trabajar en una institución privada como instructora de aromaterapia.

Disfrutaba dar clases, hasta que mis alumnos empezaron a salirse del curso y yo empecé a tener menos ingresos; llegó el punto en que no podía comprar material para las siguientes clases. Así que completaba mis ingresos trabajando medio tiempo en un centro de atención telefónica. Era un trabajo estresante y empecé a tener problemas de salud. El estrés y mis problemas de salud no eran una buena combinación para los estudiantes de aromaterapia que me quedaban.

Dieciocho meses después, iba de regreso a casa después de las clases, me sentía desanimada por mi futuro. Desesperada por obtener ayuda, le rogué a mi ángel de la guarda: "¡Ángel, por favor ayúdame! ¡Ya llegué al límite de mi paciencia!".

Miré al cielo y vi tres nubes con forma de ángeles. Aparecieron como si estuvieran a punto de volar hacia la tierra. Después de ese día, mi salud empezó a mejorar.

Tres días después recibí un premio inesperado —un juego de cartas del *Oráculo del arcángel* de cortesía— y un ofrecimiento de publicidad sin costo para mis clases de aromaterapia. Con esta oración respondida pude renunciar al centro de atención y dedicarme de tiempo completo a enseñar aromaterapia. Ahora que soy consciente de la existencia de los ángeles, ¡mi vida ha mejorado de manera increíble!

Así como le pasó a Hiroko, mucha gente ha estado recibiendo mensajes de que renuncien a sus empleos tradicionales y que trabajen en algo más holístico y sanador. Si es tu caso, quizá hayas notado que cada día se hace más fuerte el deseo de trabajar por tu cuenta en un empleo que tenga algo que ver con la espiritualidad.

Cuando los ángeles nos piden dar tal salto de fe, suele deberse a que estamos en el mundo para cumplir un objetivo más grande y el momento para hacerlo es ahora. Pide que los ángeles te manden una señal de que esa guía es verdad y de que todo va a funcionar. No trates de apresurar la respuesta; pregunta y sigue con tu vida. Los ángeles no se olvidarán de contestarte de una forma que puedas reconocer.

Las nubes con forma de ángel son señales físicas de que están con nosotros todo el tiempo. Cuando más los necesitamos, como en periodos de tristeza, estos faros en el cielo son la reafirmación que se traduce en sanación, como recuerda Marge Jones:

Mi mejor amiga Pat llevaba 57 días en el hospital cuando tomó la decisión de que le quitaran el sistema de soporte vital. Le habían dicho que su corazón estaba muy dañado y no tenía arreglo y que no aguantaría un trasplante.

El día que su esposo Bill me dio la terrible noticia, me sentí totalmente devastada.

Estaba en el comedor mirando al cielo por la ventana, cuando claramente vi una nube con forma de ángel. De inmediato supe que era Pat que estaba muriendo y despidiéndose de mí. Me sentí más en paz y supe que definitivamente estaba en un lugar mejor.

Casi al mismo tiempo, Jackie, la hermana de Pat, que vive a 95 kilómetros, miró por la ventana y vio un arcoíris en el cielo. Y fue algo raro porque no había llovido. Jackie también supo al instante que era la manera de Pat de decirle que ya estaba en el cielo.

Algunas veces, cuando recibimos los mensajes inmediatamente después de rezar, los desechamos porque la rapidez de la transmisión no nos parece tan "mística". Cuando esto pasa, los ángeles esperan hasta que llegue el momento adecuado para enseñarnos que son de verdad y que están con nosotros. Algunas veces, las señales no se presentan sino hasta que casi hayamos perdido la fe, pero no olvides que sus mensajes están adaptados a cada persona y situación. No olvides que no necesitas regalos especiales para hablarles a los ángeles ni para escucharlos, solo hace falta que tengas fe, como descubrió Janet Ferguson:

Llevaba un tiempo tratando de contactar con mis ángeles y no lo lograba. Cada noche dedicaba un "momento de ángeles" en el que les hablaba, usaba cartas del oráculo, les escribía cartas o meditaba y esperaba sus respuestas.

Si recibía una respuesta, de inmediato dudaba, convencida de que era solo mi imaginación o una ilusión. Sin embargo, todos los días les pedía guía, protección y señales, siempre les decía: "Ángeles, sé que están ahí, pero por favor, ¡denme una señal!"

En esa época, mi vida era un remolino. Tenía problemas en mi relación, con mis hijos, mis padres y asuntos de dinero. Me deprimí mucho, pero, aún así, buscaba a mis ángeles para que me ayudaran.

Después de unas seis semanas sin señales de los ángeles empecé a pensar que estaba perdiendo el tiempo. Pensé que quizá estaba aferrándome a una idea que no era real. Acababa de salir del clóset espiritual y me sentía tonta por creer. Mi esposo se había reído de mí tantas veces que terminé por pensar que él tenía razón: ¡los ángeles no existen!

Pero, una pequeña parte de mí sabía que los ángeles son reales. En junio de 2007 fui al seminario de Doreen en Londres y pensé que todas esas personas no podían estar equivocadas.

De manera que, una mañana me levanté muy temprano y miré por la ventana mientras les hablaba a los ángeles con insistencia. Les conté sobre mis problemas, mis preocupaciones y mis miedos. Les pedí más fe y les dije lo mucho que los necesitaba. Le pedí al Arcángel Miguel que eliminara los obstáculos que estaban evitando que viera o escuchara su guía.

Literalmente, *exigí* que me enviaran una señal de que son reales y que están cuidándome. Les dije: "Necesito saber que me escuchan o ¡tiro la toalla!". En ese momento miré por la ventana y vi algo increíble: en las nubes había una figura enorme de un ángel con unas enormes alas que le salían por detrás de los hombros. Estaba sentado en un trono y tenía algo en la mano derecha. La nube era enorme y la luz del sol la bañaba. Me dejé caer sobre las rodillas y me puse a llorar. Con las lágrimas corriendo por mis mejillas, me quedé mirando la figura hasta que desapareció. Mientras la miraba sentí amor como nunca antes había sentido. Supe que, a partir de entonces, las cosas estarían bien. Creo que en la nube estaba el arcángel Miguel, con la espada en la mano.

Desde entonces, he notado muchas señales pequeñas de que los ángeles están conmigo y cada una me da fuerza y motivo para seguir adelante. Mi relación comenzó a mejorar y la vida sigue mejorando. Me siento segura, amada y protegida. Ahora les hablo a mis ángeles con frecuencia. Son amigos

31

que nunca se van, están conmigo 24 horas al día, siete días a la semana.

Si alguien que lea esto, está pensando en rendirse, ¡por favor no lo haga! Yo me tardé mucho tiempo en conectar con ellos, pero ha valido la pena el esfuerzo.

Siempre es un consuelo recibir mensajes que te hacen saber que no estás solo. La siguiente historia, de Dawn Simpson, enseña que, mientras más consuelo necesitas, más grande es la nube de ángel que te envían:

Una noche, iba con una amiga manejando a casa desde Boston y me sentía incómoda por manejar en terreno desconocido a las 23 horas. Nerviosa, les pedí a los ángeles que me guiaran a casa a salvo.

Fue entonces cuando vi que en el cielo había una enorme nube con forma de ángel. Se la enseñé a mi amiga y no podía creerlo. Cuando le conté que había pedido que me guiaran, se sintió emocionada porque era su primera experiencia con ángeles.

❁   ❁   ❁

Si les pides ayuda y después crees en los mensajes que te envían (como las nubes con forma de ángel), los ángeles te toman de la mano y te ayudan a pasar cualquier etapa difícil de tu vida, como recuerda Sue Mazza:

> Cada vez que la vida se pone estresante, parece que los ángeles me mandan señales de alivio. Por ejemplo, en mi negocio de venta al menudeo, viene al mostrador una cliente que trae una camiseta que dice "ángel" o cualquier recordatorio similar.
>
> En otra ocasión, un hombre mayor se me acercó y me dijo que me guardaría un lugar en el cielo —todavía no, sino que dentro de mucho tiempo—. Sus palabras me extrañaron hasta que no volteé al cielo y vi una hermosa nube de color rosa con la forma de un ángel. Cuando la miré supe que estaba en el camino adecuado.

Además de las nubes con forma de ángel, la guía Divina muchas veces va acompañada de sentimientos o impulsos que te hacen voltear o ir por lugares poco comunes. La siguiente vez que te pase, ¡date la oportunidad! No sabes lo que el Cielo tiene reservado para ti, como le pasó a Sandy Mayor:

Estaba en un taller de metafísica y me encontré de repente enfrentándome a mis peores miedos. Le pedí a Dios y mis ángeles que me ayudaran, me contuvieran y me guiaran.

Esa tarde tuve un logro en la clase. Cuando salimos del edificio y cruzamos una calle transitada, algo causó que me hiciera a la izquierda y mirara hacia arriba. Me paré en seco a la mitad de la calle... impactada y sorprendida. Comencé a apuntar hacia el cielo, con la boca abierta, pero no lograba decir nada.

De repente, una voz que apenas pude reconocer como la mía, gritó: "¡Miren al cielo, es un corazón!". Había un corazón enorme y perfecto que parecía publicidad aérea. Era

una señal para mí de parte de Dios y los ángeles de que todo estaba bien y que yo era
amada.

Fue una de mis primeras experiencias de
intervención angélica y todavía siento un
calor lleno de amor cuando pienso en ello.

Los ángeles te hacen saber que eres especial y
amado. Cuando conectas con ellos pueden pasar cosas sorprendentes y te das cuenta de que
los milagros son reales, como ilustra esta historia de Joy Roach:

Una mañana salí temprano al jardín de mi
departamento para rezar y comenzar el día.
El cielo estaba nublado y había nubes oscuras por todos lados. Dije mis oraciones y
terminé con una visualización de la luz blanca del Espíritu Santo rodeándome mientras
decía invocaciones a los ángeles.

Intenté visualizar que cada arcángel llena-
ba mi aura con un rayo del color correspon-

diente. Al terminar abrí los ojos y justo sobre de mí había un claro en el cielo y un rayo de luz brillante. A la derecha y a la izquierda seguían las nubes oscuras, pero sobre mí, ¡el cielo estaba completamente azul y sin nubes!

Todavía me es difícil explicar el intenso gozo que sentí en ese instante. De verdad, me sentí bendecida y las emociones positivas de ese hermoso momento permanecieron conmigo durante mucho tiempo. Espero tener más experiencias así, no como confirmación, pues no lo necesito, sino por el puro gozo de volver a vivirlas.

❂ ❂ ❂

Los ángeles también nos dan mensajes de consuelo de parte de nuestros seres queridos que ya no están. Muchas veces, estos mensajes llegan en forma de señales, como nubes con forma de ángel, mariposas, pájaros o símbolos personales. Si tienes sentimientos sin resolver o necesitas saber que alguien que perdiste se encuentra feliz, pídele al cielo que te dé una sensación de cierre, como hizo Nancy Woodside:

Después de que mi padre murió, lo cremamos y fuimos a esparcir las cenizas a un área en el desierto donde solíamos acampar cuando éramos niños. Es un lugar muy bonito rodeado de montañas de diferentes colores.

Un día, mi esposo y yo fuimos a visitar el lugar donde descansan las cenizas de mi padre. Caminé sola por un pequeño cañón para meditar y hablar con mi papá. Lloré mucho y le pedí que me enviara una señal de que lo habíamos puesto en el lugar adecuado. Cuando miré hacia el cielo, que no era fácil de ver debido a las paredes del cañón, vi dos columnas de vapor que se encontraban y formaban una hermosa cruz.

Y como por arte de magia, la luna creciente entró a escena, parecía una enorme sonrisa en el cielo. Y *yo* sonreí, sabiendo que habíamos hecho lo correcto.

Si las señales sutiles no son suficiente para ti, los ángeles están encantados de enviarte unas más grandes y más significativas. María Marino necesitaba una señal inequívoca, y eso fue lo que recibió:

Pedí a los ángeles que ayudaran a mis hijos gemelos a entrar a la escuela adecuada, maravillosa y "Divina". En serio, en Manhattan, cualquiera que tenga gemelos necesita un milagro para que los acepten en el mismo kínder. Bueno, pues los ángeles me guiaron para que fuera paciente —¡hasta que empecé a pensar que nunca iba a pasar!

Sí, encontré muchas plumas en el suelo como reafirmación de que los ángeles estaban ayudando tras bambalinas. Pero no había prospectos de escuelas para mis hijos a la vista; yo ya estaba empezando a dudar que realmente pudieran ir a alguna.

Y una noche, claramente recibí la guía de que saliera al jardín… y ahí, cubriendo todo el cielo encima de mi casa, había una nube en forma de pluma tamaño "la ves porque la ves". Duró como diez minutos y desapareció.

Fue una señal perfecta e inequívoca diseñada por los ángeles artistas. Finalmente, ¡les había pedido una señal clara!

Bien, ya entendí. Y a la mañana siguiente me llamó el director de admisión de una escuela muy buena. ¡Habían aceptado milagrosamente a mis hijos!

El hecho de que la nube de María tuviera forma de pluma ayudó a que se tranquilizara y tuviera fe. Las plumas son un mensaje que el Cielo suele mandarnos con frecuencia, puesto que las asociamos con las alas de los ángeles.

Como leerás en el siguiente capítulo, esas plumas que encuentras misteriosamente sí tienen orígenes Divinos.

CAPÍTULO DOS

ENCONTRANDO PLUMAS

¿Puedes pensar en una carta de presentación más adecuada para un ángel que dejar una pluma? Los ángeles ponen estos regalos especiales en algunos de los lugares más inusuales. Los hemos encontrado en pantallas de lámparas de techo, en coches, ¡incluso en un elevador! Quizá, las plumas sean la máxima señal de los ángeles. En nuestra experiencia particular, han sido una confirmación reconfortante de lo que ya sabíamos en cuanto a la pregunta o situación.

Aunque las plumas se presentan en diferentes tamaños y colores, son señales maravillosas porque están conectadas directamente al pensamiento, oración o pregunta que tienes en la cabeza. Es muy raro que te encuentres una que los ángeles hayan dejado y que no sepas qué significa. Lo más probable es que te encuentres una justo cuando estabas pensando en algo o que de inmediato sientas la asociación al encontrarla.

Esta colección de historias relacionadas a las plumas como señales del Cielo nos enseñan hermosos ejemplos de que los ángeles quieren que nos sintamos seguros con nuestros pensamientos e intuición. Vamos a empezar con la de Xanthea Hayes, quien descubrió que la pluma que encontró era una señal para que soltara y confiara en el universo:

Acababa de comprar mi primer auto, lo cual hizo que me preocupara verme involucrada en un accidente de auto porque no tenía la posición económica para pagar ningún daño. De manera que, cada mañana rezaba para que protegieran mi auto y a todos los que viajaran en él.

Una mañana que me sentía especialmente estresada mientras manejaba hacia el trabajo, noté que tenía algo en la manga de la blusa… ¡era una pluma blanca perfecta! Cuando la vi, sentí que una ola de amor me bañaba. Supe que la habían puesto ahí para recordarme que siempre estaba cuidada y que nunca estaba sola.

En una mañana normal, no hubiera habido manera de que la pluma se pegara a mi blusa. Mi almohada no es de plumas, no tenemos pájaros y no había más plumas en el jardín ni en el coche.

❖ ❖ ❖

Si alguna vez te sientes solo o abandonado, pídele a los ángeles que te den señales reconfortantes de que están presentes. Lo más probable es que te envíen plumas, como nos cuenta Elizabeth LaFontaine:

Después de haber vivido siempre en la misma ciudad que el resto de mi familia, me había mudado recientemente a otra ciudad. No fue nada fácil porque apenas estaba empezando la prepa. De repente, estaba lejos de todo lo que me era familiar. Para acabarla, mi abuelo estaba en el hospital. Me lo tomé con calma, pero mi abuelo murió en noviembre. Lo extrañaba mucho porque siempre había estado presente en mi vida. Además, no había terminado de ajustarme a todas las cosas nuevas y a la gente nueva.

Fue entonces cuando empecé a encontrarme plumas cada vez que pensaba en el abuelo, en especial los días que me sentía un poco triste e insegura de las cosas. Estaban en la puerta de mi casa cuando salí y las encontré en la calle cuando me fui a caminar. Cada vez que me encontraba una pluma, me hacía sonreír y mi corazón se sentía calientito, además de que me recordaba que todo estaba bien.

Me sentí tranquilizada, segura y contenta. Sentí que mi abuelo también estaba contento y que todo estaba como debía estar. ¡Gracias ángeles y gracias abuelo!

Elizabeth descubrió que no estaba sola, y tú tampoco lo estás. Tus protectores y amorosos ángeles de la guarda están contigo todo el tiempo. Si tienes problemas para sentir su presencia, pídeles que te manden una señal clara del Cielo. El siguiente relato, de Kathaline Schoonen, es un reconfortante ejemplo de lo natural que es para los niños asociar las plumas con los ángeles:

Hace algunos meses mi hijo Ezra descubrió sus talentos atléticos para los deportes escolares en el parque que está detrás de la casa. Al atardecer encontró una hermosa y grande pluma blanca, y para él fue muy importante. Con mucho cuidado, la puso en su recámara.

Al día siguiente, mi hijo fue a comer a casa de un amigo. La mamá del amigo les preguntó si querían escoger una carta de ángeles del oráculo. Ezra se concentró y sacó una que decía: "Si encuentras una pluma blanca, tus ángeles están muy cerca de ti".

Se sintió feliz de tener esa confirmación y, cuando regresó a la casa, puso su pluma blanca sobre su cama. Después, murió nuestro querido perro Pelle. En el funeral, Ezra y yo enterramos la pluma junto a nuestro amado perro.

Ezra dejó la pluma con su querido amigo como símbolo de que los ángeles siempre están cerca. La mayor parte del reto de trabajar con los ángeles y de estar abierto a recibir sus señales radica en el proceso de volver al estado de certeza y capacidad de asombro que los niños tienen de manera natural. Podemos aprender mucho de nuestros hijos así como de confiar en los ángeles y en nosotros mismos. Pero, cuando tenemos dudas, debemos estar pendientes a las señales, como descubrió Carmen Carignan:

Cada vez que me sentía confundida, ansiosa o abrumada, los ángeles siempre me mandaban señales tranquilizadoras para asegurarme que estaba en el camino correcto. Y hace dos años no fue la excepción.

Soy partera en un pequeño hospital local. La unidad de obstetricia es única en el sentido de que creemos en un sistema de parto sin intervención externa. Como resultado de esta filosofía, nos hemos convertido en líderes en nacimientos en agua, que es un método muy suave de traer bebés al mundo.

Sin embargo, debido a que la comunidad médica general basa sus prácticas en la evidencia, los partos en agua se consideran "experimentales y potencialmente dañinos" puesto que no existe mucha investigación al respecto. De manera que, nos decidimos a investigar por nuestra parte para respaldar el hecho de que es algo seguro y publicar los resultados en las revistas médicas y en conferencias por todo el país.

Cuando estábamos decidiendo cómo llevarlo a cabo, nos dimos cuenta de que nos habíamos metido en un proyecto enorme. Dos miembros del equipo ya habían renunciado y nos preguntamos si el estudio era más de lo que habíamos contemplado. Estábamos sentados alrededor de una gran mesa de juntas, con un montón de libros de la investigación. Cuando nos cuestionábamos si debíamos seguir adelante o no, vi que una pluma chiquita y esponjada bajaba lentamente desde el techo y caía ¡justo en medio de los libros! (Otro miembro del equipo también lo notó.) De inmediato sentí que un escalofrío me recorría todo el cuerpo. En ese instante supe que debíamos continuar. Los ángeles nos guiarían en cada paso del camino.

Ya han pasado dos años. Reunimos estadísticas y la primera fase del proyecto está terminada. En dos ocasiones nos han pedido que lo expongamos ante la comunidad médica. Lo siguiente es que van a publicar nuestra investigación en los periódicos médicos.

Gracias a Dios, por medio de esa pequeña pluma, ese día los ángeles nos dieron el valor para continuar. Yo sigo asombrada y muy agradecida por su gentil guía.

¿Verdad que es reconfortante saber que los ángeles están para ayudarte y para ayudar a cualquier otra persona, y que traen paz y gozo por todo el planeta? Karen Forrest nos comparte una historia en la que ilustra que los ángeles responden cuando les pedimos señales de su presencia:

Mi esposo, Wayne, y yo estábamos en unas soñadas vacaciones de once días por Londres y París. Como a la mitad del viaje, me di cuenta de que no estaba llevando a cabo mis prácticas espirituales cotidianas de meditar y usar las cartas de los ángeles. Necesitaba saber que mis ángeles seguían conmigo, incluso estando tan lejos de casa. Entonces, estábamos visitando la *National Gallery* en Londres cuando los invoqué diciendo: "Mis ángeles de la guarda, sé que siempre están conmigo, pero de verdad necesito sentir su presencia. Por favor, denme una señal de que están aquí, a mi lado".

Seguí caminando por la *National Gallery* y de inmediato encontré dos enormes pinturas hermosas ¡del arcángel Miguel! Fue muy importante porque es el arcángel al que más invoco. Sentí que me inundaba una sensación de amor cálido. Unos minutos después, todavía en el museo, una pequeña pluma blanca cayó junto a mis pies y ¡sentí la presencia de mis ángeles de la guarda!

Al día siguiente, en la visita al pueblo de Bath, una gran pluma blanca cayó frente a mí. No había otras plumas alrededor y tampoco había pájaros volando por ahí. Y ese día, por lo menos tres veces más encontré plumas blancas junto a mis pies (incluyendo otra más en el museo).

Ya para entonces, incluso mi esposo se había dado cuenta de este fenómeno. Wayne me dijo, "¿Qué onda con todas esas plumas blancas que te caen en los pies?".

Me reí y le expliqué que les había pedido una señal a mis ángeles de que estaban conmigo. Wayne nada más sonrió indulgentemente, sabe cuánto aprecio mi conexión angélica. Cada vez que me encontraba otra pluma blanca, me sentía tranquila y amada.

Estas señales me ayudaron a sentirme más conectada con el Cielo. También descubrí que mis ángeles siempre están conmigo, sin importar lo lejos que esté.

Por lo general, tienes que pedir una señal a los ángeles porque respetan tu capacidad de elegir libremente. La forma de pedir puede ser tan sutil como desear ayuda y consuelo. Sin importar la manera en que les pidas que te ayuden, los ángeles se manifiestan de manera milagrosa, como nos cuenta Aileen Kushner en la siguiente historia:

Mi madre, que extraña profundamente a mi padre después de su muerte, se sometió a una cirugía menor. El procedimiento la tenía nerviosa porque casi nunca se enferma.

Recuerda que estaba en un hospital con unos excelentes procedimientos de limpieza —todo estaba esterilizado y relucía de limpio—. Cuando estaba llegando a su habitación en el hospital, vi que en la entrada había una pluma blanca perfecta. ¿Cuántas posibilidades hay de encontrar una pluma blanca tan grande en un hospital? Sabía que era mi papá que estaba cuidándola.

Lo primero que me dijo mi mamá fue que se sentía incómoda con la situación y que le gustaría que mi papá estuviera con ella apoyándola. Le di la pluma, le expliqué dónde la había encontrado y le recordé que no estaba sola, que mi papá estaría con ella durante todo el tiempo. Y así era.

La forma en que los ángeles y el padre de Aileen le entregaron la pluma no dejó lugar a dudas sobre su significado. Los ángeles y nuestros seres queridos que se han ido están más que felices de confirmar su presencia, y el momento suele ser perfecto. Aunque su energía está presente siempre, podemos sentirnos más cerca de nuestros seres queridos si les pedimos una señal, como Sherry Krause:

Un día, me sentía muy deprimida y pedí una señal de mi primer amor. Se había suicidado el año anterior y yo me sentía triste de que se hubiera ido de esa manera. Le pedí específicamente que me enviara una pluma para asegurarme de que me había escuchado.

Ese día en la mañana, una empresa de jardinería había dejado un enorme agujero en nuestro jardín. Tomé una pala para rellenarlo. Cuando me puse a trabajar, encontré una hermosa pluma. ¡Me sentí tan contenta! Pero todavía tenía dudas, así que le pedí otra. Rellené el agujero y me volteé para dejar la pala en su lugar —y en mis pies había otra pluma—. Y yo seguía teniendo dudas, porque en mi jardín hay muchos pájaros.

Así que ofrecí disculpas y pedí una pluma más. Me metí a la cocina y ¿qué había en la mesa? ¡Una pluma! Me puse a llorar de la felicidad. No había manera de que la pluma hubiera "caído" en la cocina. Finalmente bajé la guardia y acepté la señal. Entonces supe que las otras plumas también venían del cielo.

Algunas veces, una pluma no es suficiente para crear el impacto amoroso que los ángeles pretenden. Cuando necesitas una mayor confirmación, que no te sorprenda si te inundan, como le pasó a Gina Cannella:

El peor día de invierno de mi vida fue justo cuando estaba a la mitad de mi divorcio. En esa época del año, Seattle es una ciudad oscura, fría y húmeda, lo cual contribuía a que me sintiera todavía más deprimida. Después de llorar y berrear toda la noche en mi cama, y sin haber descansado, salí hacia mi auto para ir a trabajar. ¡Y descubrí que mi viejo coche estaba forrado de plumitas blancas esponjadas!

Había estudiado algo sobre el reino de los ángeles y los ojos se me llenaron de lágrimas y sentí esperanza y gozo. Las plumas estaban sobre mi coche, ¡pero no había ninguna en el piso ni en ningún otro lugar!

Lloré sabiendo que todo iba a estar bien y que mis ángeles me amaban y me cuidaban. Recogí algunas plumas y las metí en una bolsa de plástico y puse la bolsa en la entrada de mi casa. En la tarde, cuando regresé de trabajar, la bolsa de plumas ya no estaba. Vivo en un lugar cerrado y con vigilancia; nadie podía haber pasado por ahí y, en tal caso, no podrían haber visto la bolsa.

Los ángeles te mandan plumas y otras señales hechas a la medida de tu propio nivel de fe. Se aseguran de que entiendas el significado de su ofrenda y sepas que es un mensaje del Cielo. Y, algunas veces, como en la historia de Shelly, la manera en que aparece la pluma es lo importante:

Llevaba varias semanas sintiéndome agotada y deprimida. No me sentía capaz de lidiar con lo que la vida me ponía enfrente. Me preguntaba si yo realmente le importaba a alguien, incluyendo mis ángeles de la guarda, a quienes les pedí ayuda. De verdad necesitaba saber que estaban cuidándome.

Me senté a ver la tele con mi pareja. De repente, sentí el impulso de voltear hacia arriba. Vi que una plumita blanca estaba cayendo del techo y venía hacia mí. Levanté la mano y aterrizó sobre ella.

"¡Mira, mira!", le dije a mi pareja. "¡Es una señal, la señal que llevo esperando mucho tiempo!" No había explicación de cómo había llegado hasta ahí. Mi pareja no cree en los ángeles, pero creo que él también se sintió impactado.

De ahora en adelante, ya no volveré a tener dudas. ¡Mis ángeles están conmigo siempre y les importo!

Cuando sientes la necesidad de hacer un cambio importante en tu vida, quizá te preocupe si es lo correcto o no es lo adecuado. En esos casos, es una buena idea pedir una señal a los ángeles para que confirmen que estás recibiendo guía del Cielo, para seguir tu instinto, como descubrió Niki Leach:

Un día en la mañana iba en el coche a trabajar y no estaba segura de si debía seguir con mis planes de reducir mis horas de trabajo para centrarme en trabajar por mi cuenta en lo que tanto deseaba y lo que estudié. Un momento después, di la vuelta para entrar a la avenida. De repente estaba rodeada por una nube de plumas blancas que bailaban alrededor de mi coche. Pensé que algún coche más adelante le había pegado a un pájaro, pero no vi nada en el camino. Cuando vi por el retrovisor, ¡las plumas ya no estaban!

Llegué al trabajo y encontré una pluma inmaculada pegada a mi coche. Para mí fue una señal de que debía seguir adelante con mi negocio y reducir mis horas de trabajo.

❖ ❖ ❖

Cada vez que veas una pluma, pregúntale a los ángeles qué significa. El primer pensamiento o sentimiento que tengas, es la respuesta. Y si necesitas una confirmación, sigue pidiéndosela a los ángeles, pues son una fuente inagotable de señales y fe. Las plumas y otras señales te ayudan a saber que no estás solo y que nunca has estado solo —y jamás lo estarás— como ilustra la siguiente historia, de Mary Creech:

> Ni siquiera mi empleo como trabajadora social en un hospicio me preparó para la dolorosa experiencia de ver a mi hermano, de 58 años de edad, morir de cáncer. Aunque toda la vida habíamos chocado, éramos muy cercanos. Crecimos en un ambiente de abusos y él siempre me protegió. Nunca pensé en lo difícil que sería perder esa sensación física de protección.

Después de su muerte sentí la necesidad de irme a la playa a descansar y a vivir el duelo. De camino para allá conocí a un sanador nativo americano que me dijo: "No lo olvides, si encuentras una pluma, significa que el otro lado está poniéndose en contacto contigo para decirte hola y recordarte que no estás sola". El primer día caminé por la playa, llorando, y encontré una pluma blanca que flotaba en el agua. Sentí la presencia de mi hermano y sentí paz.

He caminado durante 30 años por las playas de Florida y jamás había visto una pluma flotando en el agua. Durante los siguientes tres días, ¡encontré cinco! Supe que eran mensajes de que mi hermano seguía conmigo, protegiéndome y diciendo: "Hola, hermanita".

Desde entonces encuentro plumas en la puerta de mi casa, en el jardín, junto a mi coche, incluso en las vacaciones, cuando algún lugar me lo recuerda. Así, sé que el amor verdadero de hermanos nunca muere y que, cuando las necesitamos, nuestros seres queridos nos dan señales obvias de que siguen con nosotros.

Algunas de las mejores terapias que podemos recibir llegan en forma de señales. Finalmente, en ese sentido, lo único que queremos es saber que todo va a estar bien, ¿no es así? Denise Dorfman nos demuestra que la confirmación de que estamos en el camino adecuado está al alcance de nuestra mano con una oración:

Estaba viviendo un momento difícil en la vida. Estaba terminando la universidad y buscando trabajo. No quería *cualquier* trabajo, quería uno en el que mejor se aprovecharan mi capacidad y mi talento. Me comunicaba mucho con el Cielo usando mis cartas del oráculo de los ángeles.

Un día que caminaba afuera del edificio donde vivo, encontré una pluma. La interpreté como una señal positiva de parte de los ángeles y me dije que sería lindo encontrar muchas plumas. Así sabría de verdad que los ángeles estaban conmigo.

Como era de esperar, la siguiente vez caminé por el lado oeste del edificio y encontré dos plumas, luego cuatro, después ocho… al final, ¡había encontrado dieciséis! Y lo mismo pasaba cada vez que caminaba por ahí. Lo tomé como una señal súper positiva de la abundancia infinita de Dios. A través de las cartas, me dijeron que en junio de 2007 encontraría un nuevo trabajo. Y claro, eso fue lo que pasó. Todo salió perfecto, y todavía recibo señales de que los ángeles siempre están conmigo.

Las señales del cielo nos dan el valor que nos ayuda a seguir avanzando a través de momentos difíciles. Como hemos visto hasta ahora, también en el caso de consolar corazones en duelo que se preguntan cómo sobrevivir con esa pérdida. Los ángeles nos traen señales de consuelo y reafirmación de que el amor sigue vivo. Y, puesto que llegamos a establecer una profunda relación con nuestras mascotas, no es una sorpresa que los ángeles sean compasivos y cuiden a alguien cuyo corazón está triste por una mascota que se fue al Cielo, como le pasó a Mary Schexnaydre:

Mi *cocker spaniel* ya era mayor y desarrolló problemas para caminar. El veterinario dijo que probablemente se tratara de una presión en la columna ocasionada por un tumor, y eventualmente iba a dejar de caminar. Así sucedieron las cosas y, durante la última noche de mi perra, estuve despierta y no la dejé sola durante toda la noche. Parecía que ella estaba consciente de la situación. Le dije lo mucho que la quería y le di un hueso que disfrutó durante un buen rato.

En la mañana, a primera hora, la llevé al veterinario. Firmé la hoja de consentimiento de la eutanasia y la abracé mientras el doctor la ayudaba a irse en paz.

Esa noche fui al hospital donde trabajo como enfermera. A la mañana siguiente, salí al estacionamiento y me sentía triste y cansada. Llegué a mi coche y me quedé sorprendida al ver plumas de paloma clavadas en las ventanas laterales. Me fijé en los otros coches que estaban cerca y no había una sola pluma en ninguno. Entendí el mensaje de inmediato, mi perrita estaba bien.

El propósito principal de los ángeles es traer paz a la Tierra, corazón a corazón. Nos ayudan ante los problemas de la vida, chicos y grandes, siempre y cuando ese sea el resultado. Los ángeles saben que, cuando se acumulan los pequeños factores de estrés, perdemos el sentido de paz interior, de manera que les gusta señalarnos el camino por medio de las señales que nos envían, como ilustra la historia de Karen Barnett:

> Terminé las compras justo a tiempo para ir al kínder a recoger a mi hija, Alisha. Estaba lista para arrancar cuando me di cuenta de que el coche no se movía, el freno de mano estaba atorado. La operadora de la empresa de asistencia vial me dijo que el camión reparador llegaría en 40 minutos. Sentí pánico porque tenía que recoger a Alisha en 30 minutos y la escuela estaba a 10 minutos en coche.

> De inmediato pedí ayuda varias veces a los ángeles: "Por favor, ayúdenme a llegar a tiempo por Alisha, ángeles, *se los ruego*". Me paré en la entrada del estacionamiento para que me vieran pronto, y ahí fue donde

vi que una pluma blanca pasó frente a mí y aterrizó cerca de mis pies. Les agradecí a los ángeles por enviarme esa señal de alivio.

Después me llegó un SMS de parte de la empresa de asistencia diciéndome que le habían pasado mi caso a una empresa local que iba a llegar más rápido. Eso me ayudó a calmarme un poco, pero volví a pedirle a los ángeles otra señal de que llegaría a tiempo por Alisha. Volteé a la avenida y vi pasar un camión grande ¡con una pluma blanca pintada en el lateral! Cinco minutos después, la compañía local se presentó y el técnico arregló de inmediato el freno de mano. Le di las gracias por su ayuda, y a mis ángeles.

¡Llegué al kínder cinco minutos antes de la hora de la salida! Hasta ahora, no he logrado encontrar el nombre de la compañía cuyo logo es esa pluma grande, ¡más que nada porque no había nada escrito en el camión!

Los ángeles nos mandan señales físicas en forma de plumas junto con otros objetos ·—como monedas— o cosas vivas, como mariposas, pájaros y flores. Además de estas señales tangibles, los ángeles son muy buenos para llamar nuestra atención por medio de la música, como veremos a continuación.

CAPÍTULO TRES

SEÑALES MUSICALES

Recientemente, los científicos descubrieron que la tierra emite un tono armónico al universo. Aunque el oído humano es incapaz de detectarlo, ese tono es nuestra firma armónica, y proviene de todo el movimiento y la actividad del planeta. Las olas del mar, el movimiento sísmico, los relámpagos y otros tipos de clima extremo forman parte de una orquesta que es la banda sonora de nuestra existencia.

De manera que no nos sorprende que a los humanos nos encante escuchar y hacer patrones organizados de tonos y armonías. La música es una de las cosas que nuestra mente capta con mayor facilidad, pues tenemos un talento natural para el ritmo (bueno, algunas personas más que otras).

Con mucha frecuencia, los ángeles envían sus mensajes a través del sonido y el poder de la música. Pareciera que, dondequiera que vayamos, de alguna manera la música reemplaza al silencio; aunque, muchas veces, no nos demos cuenta porque es algo sumamente común. La música es capaz de provocar imágenes o recuerdos de eventos, gente o lugares del pasado. Pon atención, porque las canciones recurrentes (o un grupo de canciones que tienen el mismo tema) casi siempre son señales del cielo.

Muchas veces, la música se usa para confirmar la existencia de los ángeles que están siempre con nosotros, como nos cuenta Natalie Atkinson:

Un chico de la escuela, David, me preguntó si yo creía en los ángeles. Le contesté que creía que no y, con un aire enigmático, me dijo que tarde o temprano los conocería. Me quedé desconcertada, un poco pasmada, y al mismo tiempo sentí curiosidad.

Ese día, de regreso a mi casa, me acordé de las veces en que me he equivocado aunque en ese momento estuviera segura de que tenía razón. Y me pregunté si mi escepticismo acerca de los ángeles era algo similar.

Al día siguiente en la mañana, iba en el coche de camino a la escuela y en la radio pusieron una canción que hablaba de ángeles. Decía: *Muy bien, ángeles, si son de verdad, necesito que me manden una señal adecuada, no a medias, sino una de las que no dejan dudas de que ahí están.*

Aunque me encanta la música, las canciones me aburren muy rápido. Así que cambié de estación a media canción. Y para mi sorpresa, estaba otra canción de ángeles. El título era "Los ángeles me trajeron". Se me hizo muy raro y volví a cambiar de estación y escuché *otras* dos canciones de ángeles seguidas. ¡Ya no podía ser una coincidencia! A la mitad de la segunda, volví a cambiarle y… sí, adivinaste: ¡otra canción de ángeles!

Me orillé llena de asombro y sorpresa. En ese momento acepté que los ángeles estaban en mi vida. Siempre habían estado conmigo, pero por fin estaba lista para reconocerlos.

David fue como un ángel para Natalie porque aumentó su percepción de nuestros ayudantes celestiales y de sus señales musicales. Sin duda, también tus ángeles te han hablado a través de la música. Si piensas o sientes que una canción tiene un significado especial, así es. Siempre es mejor confiar en la primera impresión cuando la música dispara un recuerdo o un pensamiento, como les pasó a Jennifer Bonk y su esposo:

> Cuando regresaba a casa con mi familia después de unas vacaciones, el clima se puso terrible. James, mi esposo, iba manejando y mis hijas, Gabriella, Grace y Angelina Faith, trataban de dormir en la parte trasera. La lluvia golpeaba el coche y yo, de inmediato, llamé a los ángeles y a las hadas.
>
> En cuanto terminé de rezar, la lluvia aminoró y después se detuvo por completo. Pero, después hubo una señal todavía más grande. Durante el aguacero nos habíamos

pasado de la gasolinera. En la autopista de cobro de Pensilvania hay unos 80 kilómetros entre una gasolinera y otra. El indicador de gasolina empezó a pitar e indicó que solo quedaba gasolina para 58 kilómetros más.

Mi esposo se preocupó y yo empecé a rezar otra vez porque acababan de ayudarnos con la lluvia. Pedí a los ángeles que rodearan el coche y que nos llevaran a salvo a la siguiente gasolinera. Y en ese momento empezó a sonar en la radio una canción de Warrant, cuyo título me llamó la atención: "El cielo no está muy lejos".

Le dije a James que todo estaría bien y que íbamos a alcanzar a llegar a la gas. Se rio cuando le expliqué que lo sabía por la música. Pensó que estaba loca. Pero, la canción que siguió hizo que cambiara de opinión. Se llamaba "Tocando a las puertas del cielo" de Guns N' Roses.

¿Quién iba a pensar que dos canciones sobre el cielo sonarían seguidas en una estación de *hard rock*? Mis ángeles supieron cómo tranquilizarme y sí, llegamos a la gasolinera con gasolina suficiente para diez kilómetros. Mi esposo y yo agradecimos mucho a los ángeles.

Natalie creía en los ángeles, pero necesitó confirmación para aceptar la realidad de su presencia. Aunque un evento así es muy profundo, recuerda que no es algo aislado o que suceda una sola vez en la vida. Los ángeles muestran su presencia y la confirman a cualquiera que se lo pida. Y esa petición no tiene que ser formal. Una simple petición de ayuda es lo único que hace falta, incluso aunque solo estés *pensando* en que deseas ayuda.

Si los ángeles ven que necesitas su guía porque tienes que tomar una importante decisión, por lo general, te ofrecen su ayuda para asegurarte que estás en tu camino de vida. Una mujer llamada Shelly nos comparte una historia que demuestra que los ángeles siempre están cuidándonos y su ayuda llega en el momento perfecto:

Cada vez que mi prometido mencionaba su trabajo, yo me molestaba. Debido a que no podía identificar la razón de mi enojo, le pedí a Dios que la hiciera evidente. Poco después, tuve el impulso de revisar el correo de voz en el celular de mi novio y... escuché un mensaje provocativo que le había dejado una mujer.

Cuando lo confronté, me dijo que era una compañera de trabajo a la que él le gustaba y había conseguido su teléfono. Me aseguró que, aunque le había dicho que no lo llamara, ella seguía dejándole mensajes. No le creí y rompimos, le devolví el anillo de compromiso. Los dos lloramos.

Al día siguiente, me sentía triste, estuve recordando nuestra relación y que habíamos planeado comenzar una familia. Le conté a Dios mis sentimientos y vino a mi mente una imagen de nosotros dos andando por el mismo camino y yo me daba la vuelta y me iba en otra dirección. Cuando volteaba hacia atrás, el que sería mi esposo me veía y detrás de él había una casa hermosa y nuestros hijos. Incluso pude sentir la presencia de nuestros hijos en ese momento. Oí que uno me preguntaba, "Mami, ¿a dónde vas?".

Esta visión cambió mi forma de sentir hacia mi prometido. Prendí la radio y estaba una canción que se llama "Escucha a tu corazón", y se trata de hacer eso antes de decir adiós. Seguí pidiéndole a Dios que me enseñara la verdad y que me diera señales de lo que debía hacer. Y casi todos los días escuchaba esa misma canción.

Por medio de esta guía, mi novio y yo volvimos y descubrí que me había dicho la verdad sobre los mensajes de la compañera de trabajo. Hoy estamos casados y felices. Y somos papás de un hermoso angelito. Dios bendijo a mi esposo con un nuevo trabajo que nos brinda más dinero y más felicidad. Le agradezco a Dios y a los ángeles por haberme enseñado lo que hubiera perdido si me hubiera ido por otro camino.

Esta canción se volvió tan importante que, cuando mi hijo me preguntó qué quería de regalo de cumpleaños, le pedí que me consiguiera el CD en donde venía, y me lo compró. Seis meses después, se ahogó accidentalmente y murió. Al poco tiempo, me di cuenta de que pensaría en él cada vez que escuchara esa canción y la asocié a él diciéndome hola. Nunca falla, la canción suena cuando pienso en él o cuando siento que hace tiempo que no he sabido nada de él. Por ejemplo, voy en el coche con el volumen de la radio muy bajo y, cuando le subo, están poniendo la canción. Siempre sonrío y siento que mi hijo está hablándome.

¡Incluso la pusieron en el taller de yoga al que acabo de ir! Me hizo sentir que mi hijo estaba diciéndome que está conmigo.

Recuerda que, aunque el cuerpo muera, la energía que te conecta con un ser querido es eterna y puedes sentirla cuando estés abierto para recibirla. Puesto que la música no es física, es un puente entre tu vida diaria en la tierra y la energía etérea del Cielo. Si escuchas una canción que te recuerda a un ser querido que ya no está, entonces es una señal del Cielo, como le pasó a Shelly Pitcher:

El día de Acción de Gracias después de la muerte de mi mamá, estaba cenando con mi familia y sentí su presencia. Más tarde, cuando ya se habían ido todos, estaba acomodando los platos en el mueble y ¡de repente escuché música! Dejé de hacer lo que estaba haciendo y me quedé escuchando. Sabía que ya había oído esa melodía, pero no podía recordar dónde.

Entonces me di cuenta de que era la música de la cajita que hace muchos años le regalé a mi mamá en su cumpleaños. La canción era "Solo llamé para decirte que te amo". Llorando, levanté la cajita y le dije "Yo también a ti, mamá".

Nadie de la familia me creyó cuando se los conté, pero les enseñé que la única manera de hacer que la música sonara era apretando el botón de la parte inferior de la caja, y yo ni siquiera estaba cerca de ella y, obviamente, tampoco había apretado el botón.

Desde entonces he recibido muchas señales más y todos los días agradezco la certeza de que mi mamá siempre estará conmigo. ¡Sé que me amas, mamá!

El solo sonido de la música no siempre tiene el papel estelar. Algunas veces, las señales provienen de un grupo o un músico. Este tipo de música no suele basarse en la letra y casi siempre son piezas originales tocadas por sus compositores. El significado de estas señales rara vez es diferente de las señales que nos llegan por la radio, pero es importante saber que los mensajes por medio de la música nos llegan de muchas formas diferentes.

También puedes escuchar música celestial, que también recibe el nombre de "la música de las esferas". Muchas veces, la gente suele escucharla al despertar, cuando su mente y su corazón están relajados y abiertos, como nos comparte Karen Anderson en la siguiente historia:

El día de mi cumpleaños, cuando desperté escuché un coro que parecía del cielo que me cantaba las mañanitas. Lo primero que pensé fue que se trataba de mis hijos que estaban cantándome desde abajo, pero vi el reloj y me di cuenta de que era demasiado temprano como para que estuvieran despiertos. Me quedé acostada en la cama, impactada por lo que estaba oyendo. Después empecé a preguntarme si no se trataba de las voces de mis ángeles y mis parientes fallecidos.

En silencio pedí: *Si esto de verdad es una felicitación de cumpleaños del cielo, por favor, mándenme una señal.*

Me levanté y fui por el periódico para leerlo mientras la casa seguía en paz. Cuando abrí la puerta, en la entrada había una rosa roja con un listón rojo. Sonreí encantada y pensé: *esta flor debe ser mi señal.* Más tarde, le pregunté a mi esposo y me dijo que no habían sido ni él ni los niños. Así que, ¡sí era mi señal especial de que el Cielo estaba celebrando mi cumpleaños conmigo!

Karen estaba escuchando el sonido del universo y los ángeles, el cual suena de manera continua y natural. Su estado de aturdimiento alterado le permitió asomarse a otra dimensión, la cual recordó de manera consciente porque estaba casi despierta.

Además de ofrecer una conexión con el Cielo, la música lleva mensajes y señales muy directos. Por ejemplo, el título o la letra de una canción que escuchas repetidamente te ofrece la posibilidad de recibir una guía específica de tus ángeles. Hace unos años cuando (Doreen) estaba rezando para pedir ayuda sobre el nombre de mi siguiente libro sobre alimentos y apetito, a menudo escuchaba la canción "Constant Craving" (antojos constantes) de k. d. lang. Después de escucharla por cuarta vez, entendí el mensaje y la usé como título para mi libro.

De la misma manera, Irene Felner necesitaba que la guiaran en cuanto a irse o no de viaje a Tahití. Los ángeles le ofrecieron ayuda y mensajes por medio de la música:

Hace tres años, cuando tomé la decisión de hacer un crucero por Tahití con Doreen Virtue y James Van Praagh, me sentí entusiasmada pero, un poco nerviosa al mismo tiempo por el hecho de gastar tanto dinero. Pedí que me enviaran un mensaje para confirmar lo que ya sabía en mi interior: que el crucero era lo que debía hacer.

Al día siguiente, cuando estaba bajándome del tren de regreso del trabajo, escuché tambores. Lo primero que me vino a la cabeza fue tambores tahitianos. Cuando entré a la estación vi a la persona que los tocaba, y yo jamás la había visto en esa estación.

Durante todo el tiempo previo a la fecha de salida del viaje, el baterista estaba tocando en la estación. Cuando regresé del crucero (que, por cierto, fue el viaje más maravilloso que he hecho) y volví al trabajo, el baterista no estaba, excepto otro día que me encontraba ante una disyuntiva. Había pedido una confirmación y dije que incluso sería lindo volver a ver al baterista. Y mira tú, al día siguiente, ahí estaba, y después no volví a verlo.

Si eso no fue una señal, ¡entonces no sé qué fue!

Quizá te sorprenderías si supieras cuántos ángeles están escuchando tus pensamientos cuando haces peticiones al universo. Esto incluye a tus seres queridos fallecidos —que están más que dispuestos a enviarte señales y confirmaciones de que están contigo—. La historia de Kathy Johnson es conmovedora, porque descubrió de manera muy natural que hacer una petición y estar pendiente de la señal es lo único que tienes que hacer para obtener la respuesta:

Justo después de que mi mamá muriera, iba en el coche de regreso a mi casa y me preguntaba qué canción podría cantarle a mi mamá todas las mañanas para tenerla cerca de mi corazón. A ella le gustaba la música, le encantaba cantar y decía que mi voz era hermosa. Así que decidí que lo primero que haría todas las mañanas, en cuanto me levantara de la cama, sería cantarle una canción. Pero, ¿qué canción?

Justo en ese momento, en la radio sonó "The Mother Song", (la canción de una madre) y parte de la letra dice: "No podrás sentirme, no podrás escucharme, pero jamás estarás solo". Son las palabras de una madre que consuela a su hijo antes de su muerte —o quizá después—. Era perfecta, y le hablaba directamente a muchas de las emociones que yo sentía por la muerte de mi madre. Nunca había oído esa canción.

Aproximadamente un año después, acababa de leer un libro que hablaba de los fallecidos que intentan mandarnos mensajes y que suelen estar alrededor. Yo pensé: *Bueno, mi mamá no me ha enviado señales desde hace mucho y me encantaría que lo hiciera. ¿Qué onda?*

A la mañana siguiente volví a oír "The Mother Song" en la radio. Era la segunda vez que la oía. Y no he vuelto a oírla después.

Los ángeles tocaron esa canción más de una vez para que Kathy se diera cuenta de que era de parte de su madre. Una vez que el mensaje fue aceptado, los ángeles no tuvieron que seguir enviándolo, pero si Kathy necesita otra confirmación sobre el amor eterno de su madre, sin duda escuchará "The Mother Song".

Los ángeles siempre están contigo para asegurar que todo está bien. Aunque la vida te ponga en situaciones que te hagan sentir aislado o vulnerable, debes recordar que jamás estás solo. Pide ayuda y señales cuando más las necesites. Alison Lintonhi así lo hizo durante circunstancias abrumadoras:

Durante el séptimo mes de embarazo de mi cuarto hijo, mi esposo, Colin, murió de cáncer. Antes de que muriera, le dije que estaba devastada porque no iba a poder estar conmigo cuando naciera nuestro hijo, pero él me aseguró que estaría presente durante todo el proceso.

Faltaba una semana para la fecha, tuve un fuerte presentimiento de que esa noche nacería mi hijo. Entonces, me bañé, me preparé y dije: "Vamos, Colin, si esta noche va a nacer el bebé, más te vale que estés aquí porque me lo prometiste".

Salí del baño y escuché una canción de cuna, pero no podía ubicar de dónde provenía. Al final lo descubrí: una luz para bebés que tenías que enrollar para que funcionara, ¡estaba sonando sola! Estaba en el clóset y nadie la había usado desde hacía como cuatro años.

En ese momento supe que era una señal de que Colin estaba conmigo y que no estaba sola. A la mañana siguiente nació mi hermosa hija. Durante todo el trabajo de parto escuché la voz de mi esposo dándome ánimos y diciéndome que estaba ayudando en lo que podía. Sin duda alguna, sé que ese día tuve la ayuda y protección de Dios, de los ángeles y de Colin... como hasta ahora.

No importa cómo te manden señales, los ángeles escogen la mejor manera para que te lleguen su mensaje, su amor y su apoyo. La música rodea las defensas y abre el corazón, así que es una opción favorita para enviar mensajes de allá arriba. Aunque algunas veces necesitas algo tangible a qué aferrarte para saber que te cuidan y te aman. En esos casos, que no te sorprenda si te encuentras una "moneda del cielo", como veremos en el siguiente capítulo.

Capítulo cuatro

MONEDAS DEL CIELO

El universo funciona de formas misteriosas y los ángeles no son la excepción. Algunas veces, su imaginación se traduce en incidentes que no reconoces de inmediato como "señales". Bien, nuestro mundo es complejo y no funciona sin patrones. Este capítulo te ayudará a familiarizarte con uno.

Los ángeles suelen usar monedas, o dinero en general, para mandarnos mensajes o guiarnos. Todos los aspectos de este tipo de señales tienen una importancia específica para ti y tu camino, incluyendo el momento y el lugar en el que encuentras la moneda, su denominación, el mensaje que tiene escrito y el material del que está hecha.

En este capítulo leerás historias que demuestran lo variables que pueden ser los significados de las monedas y el dinero, así como las situaciones en las que te los encuentras. La primera historia es la de Melissa Patterson, que quería una confirmación y no aceptaba negativas:

> Una solitaria mañana en la víspera de Navidad, estaba leyendo un libro sobre ángeles mientras caminaba en la caminadora. Leí el relato de una persona que constantemente encontraba monedas de diez centavos de dólar (*dimes*) y que era una señal del cielo. El libro decía que, si quieres una señal de los ángeles, solo tienes que pedirla. Así que les pedí que me demostraran que estaban conmigo.
>
> Cuando terminé la rutina guardé el libro en el librero. Y mira tú, ¡en el librero había un *dime* mirándome fijamente!
>
> Las lágrimas se me desbordaban de los ojos. Miré alrededor y dije en voz baja, ¡*Están* aquí conmigo! ¡*Están* aquí!

Cuando las monedas no son suficiente para hacer que llegue el mensaje, los ángeles recurren a otras medidas relacionadas con el dinero. Algunas veces, cuando parece que no hay esperanza en la vida y nos enfrentamos a una "mala" situación detrás de otra, de lo último de lo que nos sentimos capaces es de tener esperanza. Cuando surgen tales circunstancias, solo una señal concreta y descaradamente obvia sería capaz de ayudarnos, como descubrieron Amy Broderick y su hermana Laura:

> Mi hermana Laura y yo nos fuimos de vacaciones a Florida para celebrar mi cumpleaños. Hacía mucho tiempo que no la veía, estábamos actualizándonos y platicando de cosas importantes y profundas. Laura se sentía desanimada, nos sentamos junto a la alberca y vi una oportunidad para compartirle cómo es que el universo responde a nuestras peticiones. Le dije que había estado jugando un juego de abundancia y buscando monedas. Adondequiera que fuera, me encontraba dinero y era muy divertido. Después le dije que no necesariamente tenían que ser monedas, también valían los billetes. Me sonrió y captó lo que estaba diciéndole, pero, me di cuenta de que no me creyó.

Poco después, nos dio calor y nos fuimos a la alberca para refrescarnos. Cuando Laura pisó el primer escalón de la alberca, vi que se agachó; dijo que había algo entre sus dedos. Para nuestra gran sorpresa, sacó un billete de 20 dólares que estaba ahí atorado. La expresión de su rostro lo decía todo... pero las señales no terminaron ahí.

Más tarde, estábamos caminando por el hotel y Laura me platicaba lo triste que se sentía por el rumbo que estaba tomando su vida. La abracé y le dije lo mucho que la quería. Y también le dije lo mucho que Dios la quería y que, si verdaderamente lo creía, era capaz de vencer cualquier obstáculo.

En ese momento vimos pasar un avión de publicidad aérea en el cielo. Me dio curiosidad y le dije: "Vamos a ver qué va a escribir". Nos quedamos mirando y escribió: "Dios te ama". Otra vez, Laura me miró y se asombró por la sincronía del mensaje.

¡Yo solo sonreí agradecida por el amor y la ayuda que Dios y los ángeles nos dan!

Ya sea que necesites la señal para ti o para alguien a quien quieres, los ángeles siempre están felices de ayudar. Muchas veces, la ubicación de una moneda tiene un significado especial, como leerás en la siguiente historia de Carole Renaud. La señal de los ángeles permitió que ella y su esposo disfrutaran de la vacación de sus sueños:

Cuando estábamos de viaje en Las Vegas, mi esposo y yo decidimos rentar una pequeña avioneta para ver el Gran Cañón. Aunque me asustaba la idea de volar en un avión chiquito sobre la enorme extensión del cañón, era algo que teníamos muchas ganas de hacer.

El día del tour al Gran Cañón, le pedí a los ángeles, incluyendo al Arcángel Miguel, que volaran con nosotros para asegurar que estuviéramos a salvo durante todo el viaje. Cuando nos subimos al avión, ¡en los asientos que nos tocaron había dos monedas nuevas!

Cuando las vi, supe que nuestros ángeles de la guarda estaban con nosotros en el avión. Darnos cuenta de ello permitió que nos relajáramos y disfrutáramos el viaje. Toda la experiencia, el saber que los ángeles estaban con nosotros y la vista espectacular del cañón, fue indescriptible.

Hasta el día de hoy, cuando pienso en mi viaje al Gran Cañón, reflexiono sobre esos dos centavos y les agradezco a mis ángeles por haber estado con nosotros.

Aunque de todas maneras los ángeles hubieran estado con ellos en el vuelo, el consuelo y la tranquilidad que les dieron las monedas significaron una confirmación incuestionable que vale más que todo el oro del mundo. Los ángeles idean las señales de manera perfecta para cada persona y situación. El relato de Elizabeth Gustafson refleja que, incluso en los momentos en que nos sentimos peor, hasta el descubrimiento más extraño puede ser un mensaje de gozo disfrazado:

Una semana antes de Navidad, me despidieron de mi trabajo. Fue una noticia que me impactó porque fue durante las vacaciones.

Recogí mis cosas y caminé triste hacia mi auto. De repente, me llamó la atención algo tirado en el suelo, ¡era una moneda! La levanté y decidí que debía significar algo. Una hora más tarde descubrí lo que significaba la moneda.

Recibí un *e-mail* de parte de un amigo que me dio escalofríos cuando lo leí por la sincronía. Mi amigo me platicaba sobre un hombre adinerado que invitó a uno de sus empleados y su esposa a pasar el fin de semana con él. Iban a cenar fuera y la esposa vio que el jefe de su esposo se agachó a recoger una moneda que estaba tirada en la banqueta, afuera del restaurante. Le pareció raro tratándose de alguien con tanto dinero, pero pensó que igual tenía una colección de monedas.

Durante la cena, la mujer no pudo evitar mencionar que había visto a su anfitrión recogiendo la moneda. Él rio y la sacó de su bolsillo. Cuando el hombre miró la moneda, le preguntó si ella sabía qué había inscrito en ella. Pensó durante unos instantes y admitió que no tenía idea. El hombre le dijo que decía: "In God we trust" (en Dios confiamos). Le explicó que siempre que veía una moneda de un centavo de dólar en el piso, significaba que Dios estaba intentando llamar su atención y platicar con él.

Cuando leí la historia, no podía creer la maravillosa y reconfortante sincronía que me regaló en ese día oscuro. Dios quería que yo supiera que, aunque las cosas se veían muy mal, pronto volvería a tener una razón para sonreír de nuevo. Y resulta que estaba a punto de encontrar el mejor trabajo de mi vida trabajando en el departamento de contabilidad de la editorial de este libro.

Las monedas del cielo no necesariamente son dinero. De hecho, la siguiente historia de Lisa White nos enseña que las "monedas de los ángeles" pueden llevar el mensaje adecuado para alguien que necesita consuelo:

Iba de camino al trabajo, me sentía triste, desanimada, sola y muy negativa. Me sentía apartada del amor del Creador (y yo sabía que era culpa mía).

Cuando salí de la entrada de mi casa y me dirigí al buzón, le pedí a Dios que me mandara una señal de que era amada. Estaba muy sensible y llegué al buzón con lágrimas en los ojos. Respiré hondo, me bajé del auto y saqué el correo.

Al darme la vuelta miré hacia abajo. Y justo delante de mi zapato había una moneda de oro. Sabía que era especial —no por el valor económico, sino por el valor personal—. Se me aceleró el corazón cuando me agaché a recogerla.

Apenas podía creer lo que leía, al frente decía: Ángel de la Guarda, cuídanos y protégenos. Del otro lado había una imagen de un ángel arrodillado, con las manos juntas, como si estuviera rezando. Empecé a llorar; me sentí amada y protegida por el Creador. Atesoro la moneda y la guardo junto a mi corazón y, cada vez que me siento triste, la sostengo y siento el amor de Dios.

La experiencia de Lisa cambió su vida para bien porque dejó de dudar de la presencia de sus amantes ángeles de la guarda.

Una de las lecciones fundamentales de la comunicación con los ángeles y con Dios es que ningún problema es demasiado insignificante y ninguna petición se considera pequeña. Mucha gente teme que, si pide ayuda al Cielo por algo "pequeño," está tomando distancia de otros asuntos más importantes en el mundo. Pero, para Dios y para los ángeles, ninguna tarea es trivial y ninguna petición es poco importante.

El relato de Jessica Nielsen ilustra que lo único que impide que te ayuden es tu renuencia a pedir ayuda:

Hace poco volví a hablar con Dios, después de un periodo en el que estuve indiferente. No había logrado olvidar mi educación religiosa, en la que me enseñaron a sentirme avergonzada de mí misma y aseguraban que Dios solo me ayudaría con las cosas importantes —no con las insignificantes— de la vida. Para olvidarme de ese entrenamiento, hablaba mucho con Dios, porque pensé que era la mejor manera de establecer una relación con Él.

Un día, fui a la máquina expendedora de la escuela porque tenía mucha sed. Me faltaban cinco centavos para completar lo que costaba una botella de agua. Traía dinero, pero las máquinas no aceptan billetes, así que dije en voz alta: "Anda, Dios, solo cinco centavos más".

Oí un *clín* y miré hacia abajo. ¡Junto a mis pies había una moneda de diez centavos! Volteé alrededor y no vi de dónde había salido y no había manera de que se hubiera caído de mi monedero porque había buscado muy bien. Entonces recogí la moneda y, un poco temblorosa, dije: "¡Gracias!".

Creo que Dios estaba tratando de decirme que Él siempre está presente, incluso para las tonterías. Además, ¡me quedé con el cambio!

La vida nos enseña lecciones que nos regalan sabiduría y, al parecer, mientras más maduramos, menos miedo nos da reconocer los mensajes del Cielo. En el relato de Anna Robilotto, su padre y los ángeles trabajaron juntos para que todos supieran que la muerte no podía evitar que él amara a sus hijas:

Antes de que mi papá muriera, tuvo la oportunidad de pasar tiempo con sus cinco hijas. Mi hermana le dijo que ella y sus hijas estaban ahorrando *dimes* (monedas de diez centavos de dólar) para hacer un viaje a Italia. La respuesta de mi papá fue: "Cuida tus *dimes* y tus billetes se cuidarán a sí mismos".

Estábamos subiéndonos al coche para el cortejo fúnebre de mi papá y la hija de mi hermana metió la mano al bolsillo de su abrigo y ¡sacó un *dime*! Estaba muy emocionada y nos dijo: "¡Miren! ¡Un *dime*! Debe ser de parte del abuelo".

Antes de que terminara el día, casi todos encontramos un *dime* en un bolsillo.

En otra ocasión tenía problemas de salud y pedí una señal de que todo iba a salir bien. Cuando me levanté, algo cayó de mi pierna. Miré hacia el suelo y, sorprendida, ¡vi que era un *dime*!

Sé que mi papá está cuidándonos a mí y a mi familia.

❂ ❂ ❂

La siguiente vez que te encuentres una moneda en el suelo, ya sabes que la pusieron a propósito en tu camino. Los ángeles saben que nos encantan los regalos, y el regalo de una moneda nos ayuda a sentirnos apoyados —económica, emocional, espiritual y físicamente—. Las monedas son un recordatorio de la abundancia infinita del universo de todo lo que es bueno.

El siguiente capítulo trata de una señal, largamente venerada, que —igual que encontrar monedas— dibuja una sonrisa en la cara de todo el mundo.

CAPÍTULO CINCO

SIGUIENDO LOS ARCOÍRIS

Desde los tiempos del arca de Noé, los arcoíris han sido símbolo de la promesa de Dios de amor, cuidado, apoyo y protección. Y puesto que el reino angélico está hecho de energía de amor y luz, a nadie sorprende que el cielo nos dé señales visuales impactantes en forma de arcoíris.

Los arcoíris aparecen en el cielo, por el reflejo de un cristal, dentro de un charco o en fotografías y pinturas. Cuando pides una señal a los ángeles y ves un arcoíris, significa que están encargándose de la situación. Es, pues, un llamado para que la dejemos ir por completo, para que ellos tengan la libertad absoluta de encaminar las cosas como se supone que deben estar.

Si necesitas una confirmación extra, los ángeles están más que felices de proporcionarte más señales, como experimentó Silvia T.:

Estaba en una disyuntiva y no sabía qué dirección tomar. Así que, un día mientras manejaba, pedí a mis ángeles que me mandaran un arcoíris como señal para ayudarme a decidir qué hacer.

Apenas unos segundos después, vi un letrero espectacular al lado del camino que decía: HELADO ARCOÍRIS. Me emocioné, pero pensé que podía tratarse de una coincidencia, así que les pedí otro arcoíris como señal.

Ese mismo día, iba caminando hacia mi casa y vi claramente un arcoíris que brillaba en un charco de aceite. Todo el día seguí pidiendo más arcoíris porque de verdad necesitaba estar segura antes de tomar esa importante decisión de vida.

Cuando regresé a mi casa, mi hija Taylor me dibujó un arcoíris sin que yo le dijera nada, así que ese día ¡recibí tres arcoíris como señal! En voz baja agradecí a mis ángeles por esas señales porque me ayudaron a soltar y confiar.

Afortunadamente, Silvia tuvo abierta la mente para darse cuenta de que una señal en particular puede presentarse en diferentes maneras, como en el caso de sus tres arcoíris. En el siguiente relato, Stephanie Black nos cuenta que un arcoíris se convirtió en el milagro tranquilizador que necesitaba justo en ese momento:

Cuando vivía en casa de mis papás había muchos conflictos que algunas veces llegaban al punto de la violencia.

Pedí a los arcángeles Miguel y Rafael que intervinieran en mi nombre porque no estaba segura de cuántos pleitos familiares más podría soportar. Esa tarde, estaba en el prado dándole de comer a los caballos de mi mamá, cuando miré hacia el cielo entre la niebla y vi un hermoso arcoíris de niebla (un arco de luz blanca que se ve en condiciones brumosas).

¡Me quedé con la boca abierta! Acababa de leer un artículo sobre los arcoíris de niebla. Le grité a mi mamá para que lo viera, pero no me escuchó y el arcoíris se desvaneció. Aparentemente, era un mensaje solo para mí. Más tarde, cuando entré a la casa, me metí al cuarto donde está la calefacción en busca de tranquilidad y para alejarme de los conflictos. No llevaba ni un minuto ahí cuando, mis papás (que apenas si se hablaban en toda una semana) entraron tomados de la mano y me dijeron que iban a trabajar juntos para resolver la situación.

Pensé que era una broma. Pero entonces escuché que los ángeles me recordaban al oído mi oración a Miguel y Rafael y la señal que me enviaron en forma de arcoíris de niebla.

Los problemas de la familia no han terminado, aunque las cosas fueron más fáciles durante casi un año. Definitivamente ¡fue un milagro que jamás olvidaré!

Los arcoíris de niebla, los arcoíris dobles y los arcoíris lunares (los que aparecen por la luz de la luna) son tan poco comunes que no dejan lugar a dudas de su importancia. Cuando aparecieron tres arcoíris al mismo tiempo, obviamente, llamaron la atención de Tracy Jones y le dieron el consuelo que tanto necesitaba:

> Cuando estaba embarazada de mi tercer hijo, todas las pruebas médicas arrojaban resultados alarmantes y me mandaron a un especialista, quien me dijo que mi bebita podía nacer con síndrome de Down. Cuando estábamos en la clínica, el doctor insistió en que me hicieran procedimientos de evaluación. Sin embargo, nos advirtió que el terrible efecto adverso era la interrupción de uno de cada 50 embarazos. Me negué a hacerlo porque no quería lastimar a mi bebé. Sabía que iba a amarla y a cuidarla como fuera, no podía correr el riesgo.

> Sin embargo, no estaba tranquila. No podía concentrarme y mi corazón y mis pensamientos estaban acelerados. En el camino de regreso a la casa, mi madre insistió en que bajara la velocidad, vi el velocímetro y marcaba 144 kilómetros por hora y yo ni

cuenta me había dado. Me puse a llorar, me preguntaba cómo iba a cuidar a este bebito teniendo dos hijos más y un trabajo de tiempo completo.

De repente, me inundó una increíble sensación de paz. Miré al cielo y había tres arcoíris completos que abarcaban todo mi campo de visión. Mi mamá y yo estábamos maravilladas. No era posible, ni siquiera había llovido. Nunca habíamos visto el cielo cubierto por tres arcoíris y mucho menos en un día tan despejado.

Seguí manejando por esos hermosos arcoíris y ambas sentimos paz por saber que Dios estaba a cargo del asunto y necesitábamos tener fe. Todavía creo en que los ángeles estaban con nosotros ese día y que un ser superior tomó el control de todo. Durante el resto del embarazo sentí su presencia.

Meses más tarde, regresé a mi casa con mi bebé perfecta. Ella no tenía absolutamente ningún problema médico. Los doctores y mis familiares estaban obviamente aliviados. Mi mamá y yo ya lo sabíamos, porque Dios y los ángeles nos habían mandado esa señal tan clara con los tres arcoíris.

¡En qué forma tan reconfortante los ángeles tranquilizaron a Tracy! Sabían que era mejor para la mamá y para la bebé que Tracy estuviera en paz y feliz durante todo el embarazo. El consecuente milagro es un ejemplo de la manera en que Dios y los ángeles nos comunican su amor.

El momento en el que se presentan los arcoíris es uno de los aspectos más importantes de su presencia. Yo (Charles) nunca he conocido a nadie que haya pedido una señal, haya visto un arcoíris, y siga dudando. Ni siquiera tiene que haber lluvia para que se aparezca uno. Cuando los ángeles quieren enseñarte un arcoíris, se aparece ante ti y te guían para que lo veas, como en el caso de Lisa J. Wood:

> Estaba luchando por terminar con una relación tóxica porque, a pesar de que sabía que no era una pareja buena para mí, lo amaba. Aunque había terminado con él, me sentía muy confundida.

Un día decidí borrar todas las fotos que tenía en mi celular como símbolo de que estaba soltando la relación. Un poco después de borrarlas, sentí la necesidad de ir a la ventana. Cuando miré hacia fuera, vi que el arcoíris más brillante y perfecto estaba frente a mí, ¡y no había llovido!

Sentí que era una señal que confirmaba que había hecho lo correcto al soltar la relación. Sentí un alivio y una paz increíbles.

Los arcoíris no solo son señales, sino regalos que nos dan estímulo y guía desde el otro lado. Algunas veces recibimos estas señales incluso cuando sabemos que estamos en el camino correcto y sirven para bendecirnos con el mismo gozo y belleza con que fueron creados los arcoíris. La maravillosa historia de Kathy Shogren ilustra que nuestros seres queridos que ya no están pueden mandarnos recordatorios de que están con nosotros y aprueban nuestras acciones:

Mi amada perrita Rosebud murió en mis brazos después de una larga enfermedad. Yo le hablaba después de su muerte, cuando ya estaba en el Cielo. Rosebud sabía lo mucho que la extrañaba y cuánto necesitaba tener un perro en mi vida, así que le pedí que escogiera al siguiente perrito para mí.

Cuando me di cuenta, fui guiada a ver una página en internet donde había perros rescatados que necesitaban un hogar responsable. No estaba viendo con la intención de encontrar un perrito de inmediato. Solo fue que algo me hizo ver esa página.

Pero cuando vi la foto de Jake y Molly, que eran hermanos, supe que ellos eran los que Rosebud había elegido para mí. Jake y Molly eran mestizos y no era tan fácil que alguien se los llevara. Ellos nos necesitaban y nosotros a ellos, porque Randy, mi esposo, y yo estábamos muy tristes por la muerte de Rosebud.

Hicimos los arreglos para adoptar a Jake y Molly. El día que fuimos a recoger a los perros, Randy entró a nuestro cuarto con lágrimas en los ojos. Dijo que no podía creerlo, que afuera había un hermoso arcoíris doble enorme. Él estaba asombrado y yo sonreí y le dije con aire de suficiencia: "Es porque Rosebud mandó un arcoíris para Jake y Molly".

Sabía que era una señal de que ella estaba bien y feliz en el Cielo y que teníamos su bendición para darle nuestro amor y nuestra casa a los perros que había elegido para nosotros. Este año vamos a cumplir seis maravillosos años con nuestros "hijos peludos", que son unas criaturas hermosas como ángeles.

¡Qué reconfortante fue el arcoíris doble para Kathy! Si tu corazón está lleno de tristeza, puedes pedir a los ángeles que te envíen una señal de tu ser querido que está en el cielo. Ellos eligen la forma adecuada para enviarte el amor eterno de tu familiar o amigo. Y, algunas veces, la señal puede presentarse en forma de voz, como veremos en el siguiente capítulo.

Capítulo seis

Voces del cielo

Como nos han enseñado las historias que hemos visto, cuando recibes una señal sientes su significado. Sabes o sientes lo que significa, dependiendo de lo que pediste y de la situación. Aunque, algunas veces (como cuando se trata de una situación de emergencia), los ángeles se comunican de manera directa para evitar que haya malos entendidos o ambigüedades.

En el caso de una emergencia inminente o de exceso de estrés personal, la única manera en que los ángeles están seguros de que los escuchas es por medio de la comunicación verbal directa. Y, si los ángeles hablan, no hay dudas en cuanto a su mensaje y su significado, y definitivamente los escuchas.

"Escuchar" puede definirse de muchas maneras. La más obvia es percibir una voz o mensaje de forma audible, como cuando alguien te habla físicamente. También está la escucha interna, en donde recibes mentalmente los mensajes. Se sienten como si fueran pronunciados en voz alta, pero vienen desde dentro.

A todos nos han enseñado que escuchar voces es señal de locura pero, como leerás en este capítulo, escuchar las palabras de los ángeles es la cosa más sensata que puedes hacer. Nuestros guardianes angélicos siempre están hablándonos, generalmente en suaves susurros que sentimos, más que escuchamos. Sin embargo, en momentos de problemas, los ángeles hablan alto y claro… y sus voces nos dan señales y guía en cuanto a lo que debemos hacer.

Cuando Linda Pullano tuvo una hemorragia interna después de su cirugía, sus ángeles estaban con ella para ayudar verbal y físicamente:

Después de la histerectomía a la que fui sometida, estuve en la sala de recuperación durante el tiempo requerido y más tarde me trasladaron a mi habitación privada. No sé cuánto tiempo llevaba ahí, cuando de repente sentí una intensa explosión en el estómago. Tenía un dolor insoportable, lo cual es raro en mí, pues tengo muy alto el umbral del dolor, y supe que algo estaba muy mal.

De inmediato me puse a rezar el Padre Nuestro con gran devoción y fe. Y en cuestión de instantes, una luz brillante me rodeó todo el cuerpo. Sentí como si estuviera dentro de una burbuja de protección, amor, sanación y tranquilidad. ¡No sentía dolor!

Estaba pasmada y llena de gozo y paz, sabía que era Dios. También supe que soy amada y que soy importante. Entonces, una voz dijo: "Son las oraciones que estás sintiendo".

La voz repitió cinco veces esa afirmación antes de que yo le contestara. Yo sabía que estaba escuchando a un ángel. Le dije a esa presencia angélica: "Siempre supe que las oraciones sí sirven, pero nunca pensé que pudiera *sentirlas*". Después, como para cerrar con broche de oro, la voz dijo la misma afirmación una vez más con autoridad absoluta y respeto. En ese momento me sentí tan agradecida, humilde y amada que jamás podré olvidarlo.

Entonces, el ángel me transmitió que yo podía sanarme. Lo curioso es que, en ese momento —en ese estado de Luz de Dios— sabía que el ángel tenía razón: sí *podía*. Me indicó que jalara la luz a mi cabeza y después la bajara hacia mi estómago. Hice lo que me indicó.

Conforme jalé la luz a mi cabeza y después a mi estómago experimenté una increíble sanación. En ese momento no lo supe, pero sabía que algo Divino estaba pasando. Vi todo lo que sucedió. Cuando el resplandor entró a mi cuerpo, se veía como una enorme luz en un teatro oscuro. La columna de luz descendió, se podía ver el enorme haz y también las pequeñas partículas interiores. El haz entraba por mi cabeza y hacia mi estómago y se convertía en miles de millones de partículas de luz de Dios.

Sé que suena raro, pero las partículas de luz tenían bocas (como en el videojuego *Pac-Man*) y empezaron a comerse algo que tenía en el estómago. (Más tarde supe que era sangre lo que estaban consumiendo). Todas eran inteligentes y cada una tenía una misión. El gran haz de luz también era inteligente.

El haz de luz descendía sobre mi cabeza con gran velocidad y poder. Sonaba tan fuerte que tuve que taparme los oídos. Fue increíble. Mientras todo esto estaba pasando, yo seguía rezando.

Entonces terminó y vi que el doctor estaba sentado a mi lado, se veía asustado. Gritó: "¡hay una hemorragia!", lo cual significaba que estaba sangrando internamente.

La enfermera estaba metiendo un tubo a mi brazo y el doctor le dijo que necesitaba una trasfusión de inmediato. Le dije que no hacía falta que me operara de nuevo. Me dijo que, después de que se restableciera mi nivel sanguíneo con la trasfusión, llevaría a cabo una segunda operación para detener la hemorragia.

Volví a decirle que no era necesaria la intervención porque había tenido una sanación milagrosa. También le dije que soy una cantante profesional y no puedo darme el lujo de que me corten el estómago.

El doctor contestó que no tenía otra opción. Le dije que, si me cortaba el estómago, ya no podría cantar. Supe que él estaba pensando que, si no me operaba, iba a morir y eso sí me impediría cantar *definitivamente*. Pero, con todo mi ser, yo sabía que estaba bien. Supe que acababa de experimentar el milagro más extraordinario.

Me dio una palmadita en el brazo y me dijo que nos veríamos a las siete de la mañana en el quirófano.

A la mañana siguiente, se paró junto a mi cama y me dijo: "Linda, el cuerpo humano es un milagro en sí mismo. De alguna forma, ¡tu cuerpo detuvo la hemorragia!".

Entonces le contesté: "Ya lo sabía; se lo dije anoche".

Después del milagro me sentía como en las nubes. Fue una intervención Divina para mi propio crecimiento espiritual.

Los ángeles le salvaron la vida a Linda y se lo confirmaron a través de sus mensajes claramente audibles. Algunas veces, el cielo nos da la información suficiente para que nosotros deduzcamos el siguiente paso, como descubrió Atherton Drenth.

Constantemente recibía señales en forma de escarabajos y fue necesaria una voz angélica para que entendiera el mensaje y descubriera su propio hogar:

Hace diez años soñé que me despertaba con una herida grande en la mejilla derecha. Al abrirla, salía un enorme escarabajo blanco. Me impactó tanto que me senté jadeando y bien despierta. El sueño me inquietó mucho y pasé año y medio pensando en él todos los días y preguntándome qué significaba.

Pedí la opinión de mucha gente y todos me decían lo mismo: "¿Qué significa para *ti*?". Era muy frustrante y no era precisamente lo que yo quería oír.

Un día, mi esposo y yo decidimos ir en auto a Toronto con los niños para ver una exposición de artefactos egipcios en el museo. Caminamos mientras veíamos todos los objetos de la exposición y llegamos a una parte donde exhibían una pirámide a escala. En la base había muchos escarabajos y un letrero que decía: "A los iniciados les daban escarabajos para representar su despertar al viaje místico". Me quedé sin palabras.

Tiempo después, estaba buscando casa. Y aunque hacía mi mejor esfuerzo por encontrar una, parecía que se me cerraban todas las puertas.

Un día, me encontré a una amiga que me preguntó: "¿Ya encontraste casa?"

Suspiré y le contesté: "Me doy. Ya me harté; ya no voy a tratar ni a buscar".

Fue entonces cuando las cosas cambiaron y las puertas empezaron a abrirse. Cinco minutos después iba manejando por una calle cuando vi un letrero de SE VENDE y escuché una voz que me decía: "Esa es la casa". Frené en seco, estacioné el coche y saqué mi celular para llamar a mi agente de bienes raíces. Es un hombre muy ocupado que nunca está en su oficina, así que ¡imagínate mi sorpresa cuando me contestó el teléfono! Le dije que quería ver esa casa y me consiguió una cita para esa misma noche.

En el instante en que mi esposo y yo entramos por la puerta, supe que era esa. Pero me preocupaba el precio. Iba subiendo la escalera e invoqué al arcángel Miguel, le dije: "Necesito que me des una prueba tangible si de verdad tengo que seguir adelante. Dame algo que pueda tener en mis manos, algo que pueda agarrar y conservar para saber con seguridad que esta casa y la visión son verdaderas y que están guiándonos en esto".

Escuché que una voz decía: "Mira en la esquina". Volteé y había un prendedor con forma de escarabajo. Fue entonces cuando lo supe. Dos horas después, ¡aceptaron nuestro ofrecimiento por la casa! Todos los días es un honor y una bendición estar en esta casa.

Los escarabajos fueron señales durante todo el camino que la llevó a la casa de sus sueños. Una vez que se dio cuenta de que significaban que estaba en el camino adecuado, estaba más propensa a notar las muchas maneras en que se le presentaban. Todas las señales y los símbolos individuales son personales pero, si no ves o si no entiendes los tuyos, no olvides preguntar a los ángeles. Es importante escuchar las señales para mantenerte a salvo, como en el caso de Julie Annette Bennett:

A los 24 años estaba soltera y para mí, la vida era trabajar de lunes a viernes y salir a divertirme las noches del viernes y del sábado. Junto con mis amigos, bebía y bailaba en las noches de los fines de semana. El lugar favorito para salir se llamaba *Red Onion*, en Woodland Hills, California.

Un viernes en la mañana, desperté a las seis, como siempre. Aturdida por la falta de sueño, conecté la cafetera y me metí a bañar pensando en la noche que me esperaba. Sentía el ritmo de la música mientras hacía como que bailaba con un tipo de la oficina que no estaba tan mal. De repente, una voz desde mi interior me dijo: ¡No vayas en la noche!

¿Por qué? Pregunté rápidamente.

No vayas, me respondió la voz de mi cabeza.

Mientras me arreglaba, también escogí qué ropa iba a ponerme para salir en la noche. Otra vez oí que la voz decía: ¡No vayas en la noche! Un poco molesta con el insistente mensaje, de todas maneras decidí llevarme la ropa, por si decidía salir después del trabajo. La voz me repitió la advertencia durante todo el día, pero yo era joven y terca, así que la ignoré y, decidida, me fui a bailar.

A las cinco de la tarde salí de la oficina y me fui en el auto a *Red Onion*, a pesar de que la voz seguía advirtiéndome mientras me dirigía a Woodland Hills. Vestida para que todos voltearan a verme con mi seductora blusa de encaje y mi minifalda, entré a *Red Onion*. Mi amiga Pat estaba esperándome en la mesa y pedimos algo de tomar. Pat y yo fuimos al baño y le encargamos la mesa a Ken, un amigo del trabajo. Sabíamos que pronto el lugar se llenaría y ya no habría lugar para estar de pie y mucho menos sentadas.

Sentada en el baño, sentí un escalofrío de miedo en todo mi ser. Recé en silencio, *Dios por favor, por favor, te pido que pase lo que pase hoy, no dejes que me muera.* Me sentí un poco mejor y regresamos a la mesa donde nos esperaba Ken. Volví a sentir ese miedo y les dije a mis amigos: "No entiendo, pero algo horrible va a pasar hoy". Voltearon a verme como si estuviera loca y yo pensé lo mismo.

Un ratito después, un chico guapo vino a invitarme a bailar. Le pedí a Pat que cuidara mi bolso mientras bailaba. Cuando volví a la mesa busqué mi bolso. Le pregunté a Pat si lo había cambiado de lugar y fue entonces cuando me di cuenta de la razón por la que la voz había estado advirtiéndome todo el día: ¡me robaron el bolso!, con mis llaves, la licencia de manejar y mis tarjetas de crédito.

Como me habían robado las llaves, mi amigo John me llevó a la casa. Me dio pavor encontrar la puerta de mi casa abierta y fue peor cuando entramos: todas mis cosas estaban regadas por el suelo. El que me robó el bolso había usado mis llaves para entrar a mi casa porque la dirección venía en la licencia de manejar.

Aunque cuando pienso en este incidente me pregunto por qué no escuché la advertencia que me hicieron, agradezco que pude conocer a mis ángeles. Y ahora sí los escucho.

Una vez que adquieres el hábito de escuchar, te sentirás sorprendido y bendecido por la manera en que los ángeles te demuestran, una y otra vez que, no solo están contigo todo el tiempo, sino que están para siempre a tu lado. Permite que el conocimiento y la sabiduría de los mensajes que tienen para ti te den poder. La historia de Judy Balcomb-Richey nos enseña que incluso podría ser una decisión que te salve la vida:

Un día fui a mi casa a la hora de comer. El conjunto de edificios estaba vacío porque casi todo el mundo estaba trabajando. El complejo estaba formado por cuatro edificios con cuatro departamentos cada uno, dos en la planta superior y dos en la inferior. Yo vivía en uno de los superiores.

Me preparé algo de comer y me senté en el sillón a ver la tele mientras comía. Oí que crujió la puerta del edificio y luego escuché pasos en la escalera. Pensé que mi vecina de abajo, Susan, también había ido a comer a su casa y había visto mi auto. Somos buenas amigas y algunas veces ha subido a mi casa cuando hemos coincidido a la hora de comer. Tocaron la puerta y fui corriendo a abrirle a Susan.

De repente escuché una voz en el oído derecho que claramente me decía: "¡No abras la puerta!" Nunca me había pasado nada así. La voz fue tan convincente que me acerqué a la puerta y pregunté: "¿Quién es?".

La voz de un hombre contestó: "Compañía de teléfonos".

Para entonces ya estaba completamente alerta. "¿Hay algún problema?", pregunté.

Dudó un poco y contestó: "No, solo quería que supiera que vamos a estar trabajando en esta zona y es posible que no tenga servicio un momento".

Le di las gracias y oí que bajaba las escaleras. No tocó en ningún otro departamento, había subido directo al mío. Después me di cuenta de que desde la ventana que da al pasillo, al final de las escaleras, pudo haber visto a qué departamento me metí. Me asomé a ver si había alguna camioneta de la compañía de teléfonos estacionada afuera, pero no había nada.

Cuando regresé a trabajar hablé a la compañía de teléfonos para preguntar si era normal que un técnico fuera de puerta en puerta informando a los clientes de una posible interrupción en el servicio. Y después me acordé de que, la semana anterior, una doctora joven había desaparecido de su departamento. Encontraron la puerta abierta, pero no había señal de ella. No lo pensé entonces, pero vivía muy cerca de mi casa. Igual y no tuvo nada que ver, pero por lo menos ahora lo sé con certeza, la voz del ángel me salvó de ser atacada... y quizá me haya salvado la vida.

Los ángeles no solo están para protegernos, sino también para tranquilizarnos. Tomar decisiones cruciales en la vida puede hacer que nos sintamos solos y vulnerables. Algunas veces, nos arrepentimos por haber tomado ciertas decisiones; es tan fácil olvidar la razón por la cual decidimos hacer las cosas extremas que hacemos.

Si estás luchando por tomar una decisión recuerda que debes permanecer abierto para escuchar los mensajes que los ángeles tienen para ti. Mantente firme, ten la certeza de que eres amado y jamás estás solo y que, cuando tienes la confianza suficiente para escuchar, siempre te guiarán por tu verdadero camino. Eso le pasó a Diana Sanders:

Tomé la difícil decisión de dejar a mi marido. Mis hijas, ambas mayores de 18 años, no estaban de acuerdo aunque sabían que la situación entre mi esposo y yo era muy mala. Incluso, la menor no quería verme ni hablarme.

Pedí ayuda a los ángeles, pero la situación con mis hijas seguía empeorando. Me sentía devastada. No quería perder mi relación con ellas y empecé a cuestionar mi decisión, pensé en volver a la casa. Pero una voz en mi interior me repetía: *sé paciente. Todo estará bien.*

Un día, iba manejando al trabajo y llorando por el problema con mis hijas, cuando escuché una voz que decía, "Todo está bien, soy Gabriel".

Me quedé pasmada. No fue una "voz interna," sino una voz audible, fuerte, ¡que me gritó al oído! Me pregunté qué estaba pasando y pensé que seguramente estaba volviéndome loca. ¿Gabriel? No es posible que *lo* hubiera oído. Pero la voz volvió a decir: "soy Gabriel". Pensé que no estaba bien de la cabeza. Pero entonces, no solo escuché "soy Gabriel" por tercera vez, sino que me rebasó un camión en cuyo lateral decía *Paisajismo Gabriel*.

Desde ese momento, supe que la situación con mis hijas se iba a arreglar y no volví a dudar de mi decisión. Y sí, a los pocos días, mis hijas y yo nos reconciliamos. No es que no volviéramos a tener dificultades, pero ahora yo sabía que, si ponía mi relación con ellas en manos de Gabriel, todo estaría bien.

Alrededor de dos años después fui a un seminario de ángeles y entonces fue cuando caí en la cuenta, me enteré de que Gabriel cuida a los hijos. Estoy muy agradecida por su constante ayuda y su guía.

Los ángeles nos toman de las manos cuando atravesamos situaciones física y emocionalmente difíciles y así nos mantienen a salvo. Aunque, algunas veces necesitan que les ayudemos a hacerlo. Es entonces cuando nos dan mensajes que no podemos dejar de notar, como el que recibió Christine Marsh:

> Estaba preparándome para irme a mi casa saliendo de la escuela, cuando escuché un mensaje muy claro de una voz masculina que hablaba justo a mi oído. Decía: "Por favor, ten cuidado cuando cruces la calle".

> Como era de esperar, estaba a punto de cruzar una intersección para ir a la parada de autobuses, cuando sentí como si me detuvieran con cuidado para que no me bajara de la banqueta. Una camioneta roja venía muy rápido y, para cuando el chofer pudo frenar, ya estaba en medio del paso de peatones y tuvo que hacerse un poco hacia atrás para que yo pudiera pasar. Si hubiera caminado un segundo antes, seguramente me habría atropellado.

En la siguiente historia, Maureen O'Shea comparte lo bueno que es escuchar y creer en los reconfortantes mensajes que nuestros ángeles de la guarda tienen para nosotros:

Me educaron en el catolicismo durante la época del fuego eterno, el demonio y la culpa. Sin embargo, fui bendecida con un sentido interior de que Dios es amoroso y menos castigador de lo que aseguraba la Iglesia en ese tiempo.

Aún así, no supe lo mucho que Dios me ama sino hasta que tuve cuatro meses de embarazo de mi primer hijo. Un día, mi madre, que trabajaba en el periódico local, se sintió obligada a contarme todas las historias que había visto en la redacción sobre los bebés que nacían con terribles deformaciones porque sus madres se habían drogado antes de embarazarse.

Bueno, era la década de los años setenta y, sí, yo probé alguna droga de las que se consiguen en la calle, igual que la mayoría de los jóvenes de la época.

Después de escuchar esas historias, me volví un manojo de nervios. No podía dormir, apenas comía y me sentía tensa y ansiosa. Llena de sentimiento de culpa y vergüenza, sentía que no podía hablar con nadie sobre lo que me preocupaba. No podía preguntarle a mi doctor. Estuve así durante unos dos meses. Y una noche, mientras estaba acostada en la cama mirando al techo, cuando escuché una voz en mi interior; no era un pensamiento, sino una voz real, que dijo: "Es un niño y está bien".

Supe que el mensaje era de Dios. El resto de la noche dormí con una paz que no había sentido durante meses. Pasaron las siguientes semanas sin ningún otro pensamiento de ansiedad. Al final de los nueve meses —y 20 horas de trabajo de parto—, el doctor dijo: "¡Es un niño!". Yo dije: "¡Claro que es niño!". Y, obviamente, mi hijo nació perfecto y sano, como Dios me había prometido.

Además de la voz de nuestros ángeles de la guarda, también podemos oír la voz de algún ser querido que nos da consuelo y nos reconforta, como en el caso de Brunella:

Mi esposo, de 51 años de edad, murió repentinamente por un infarto masivo cuando estaba jugando basquetbol. Jim y yo habíamos estado juntos desde los 18 años y duramos 27 años de casados.

Me sentí como ida después de la noticia de su muerte y me senté en el sillón con la mirada perdida. Mi casa estaba llena de familiares y amigos que trataban de dar apoyo, pero yo solo era capaz de estar con la mirada fija, en estado de *shock* y sin poder creerlo. De repente, en el oído derecho escuché un susurro que afirmaba: "Te amo".

Fue fugaz y suave, pero escuché las palabras con la misma claridad que cualquier otro sonido de la habitación. No parpadeé ni se lo dije a nadie porque sabía que el mensaje era solo para mí. Esas dos palabras ayudaron a aliviar un poco mi dolor. Y le agradezco a los ángeles hermosos por haberme ayudado a tener esa conexión con mi Jim.

Muchas veces, las voces y los mensajes van acompañados de sensaciones físicas como escalofríos, como nos cuenta Anne Jay en su relato. El cuerpo humano sabe y siente lo que va a pasar. ¡Hazle caso!

El perro de un amigo se perdió y lo buscó en vano por todos lados. Cuando me enteré, empecé a rezar la oración para cuando se pierde una mascota que vi en el libro de Doreen, *Sanación con los ángeles*. Un año más tarde, manejaba por la calle en la que vieron al perro por última vez. De repente, sentí un escalofrío (siempre pasa cuando el arcángel Miguel anda por ahí) y escuché una voz que decía: "Encontraron al perro". Esa sensación se quedó conmigo hasta que regresé a la casa.

Al rato supe que habían encontrado al perro a mediodía, justo cuando yo sentí el escalofrío y escuché la voz. Ahora sé que los ángeles siempre escuchan nuestras oraciones y que los milagros sí existen.

En muchas de las historias de este libro, incluyendo la de Anne Jay, las oraciones son escuchadas cuando la gente reconoce y sigue las señales del Cielo. Incluso en la situación más precaria en la que nos metamos, los ángeles siempre están ahí, sin juzgarnos, para darnos un empujón amoroso hacia la seguridad y el bienestar. Lo único que tenemos que hacer es escuchar, como descubrió Jennifer Santiago:

Iba en el coche de regreso a casa, ya era tarde y me sentía cansada. A menos de un kilómetro de la casa hay un semáforo en una zona industrial con mucho movimiento durante el día, pero de noche está desierta. Estaba esperando a que se pusiera el siga y me quedé dormida.

De repente escuché lo que parecía la voz de mi mamá que me llamaba, y me despertó de inmediato. La oí tan fuerte y clara como si hubiera estado en el auto conmigo, pero yo estaba sola y mi mamá estaba en la casa. No había más coches y la radio estaba apagada.

Si no hubiera sido por su voz, no me habría despertado y quién sabe qué hubiera pasado, porque mi coche no estaba en *parking*. Creo que la voz fue mi ángel de la guarda que estaba cuidándome. Todos los días doy gracias a los ángeles por cuidarme.

Es común escuchar que una voz sin cuerpo pronuncia tu nombre. Suele pasarle a mucha gente cuando está despertándose, puesto que es cuando estamos más abiertos para escuchar a los ángeles.

¿Has sentido la urgencia de regresar a tu casa cuando estás en algún otro lugar? Hazle caso a esa sensación. Muchas veces, no le damos importancia porque la confundimos con sentimiento de culpa por no estar en casa cuando de verdad nos merecemos un descanso. Si te llega esa sensación, y no se te quita, procura tomar cartas en el asunto. Afortunadamente, Carol Singleton sí escuchó a sus ángeles cuando la instaron a que se regresara a su casa:

Scott, mi hijo de siete años, despertó a las cinco de la mañana con dolor de estómago. *Pues claro, la noche anterior se llenó de pa-*

lomitas, pensé. Me acosté con él hasta que mi esposo volvió de la estación de bomberos, a las 9 a. m., aunque todavía se sentía mal. Después de que los tres nos quedáramos acostados en la cama, mi esposo sugirió que me fuera a almorzar. Como esposa de un bombero que trabaja turnos de 24 horas, durante diez noches al mes soy madre soltera. No tengo mucho tiempo para mí sola, así que le agradecí el ofrecimiento.

Estaba tranquilamente leyendo una revista después del almuerzo cuando escuché, alto y claro, que una voz masculina me decía: "¡Vete a la casa!". Dejé de leer y volví a escuchar: "¡Vete a la casa!". Nunca me había pasado algo así, por lo que supe que debería hacer caso, y me fui a la casa.

Cuando regresé había dos mensajes de mi esposo en la contestadora. El primero decía que mi hijo estaba en el consultorio del doctor. El segundo decía que estaban en el hospital, en urgencias. Cuando llegué, mi hijito sentía mucho dolor y seguían haciéndole pruebas.

Le pregunté a Scott: "¿mandaste un ángel para que me dijera que me fuera a la casa?".

"No lo sé", contestó, "pero sí quería que te vinieras a la casa".

Era sábado en la tarde y el pediatra se tardó en llegar. Antes de la cirugía, no estaban seguros de cuál era la razón del dolor, luego resultó que era apendicitis. El cirujano dijo que Scott era el niño más chiquito que había visto con ese diagnóstico. Yo no tengo dudas de que un ángel me visitó y siempre me he sentido agradecida de que lo haya hecho.

Muchas veces, confundimos la guía verdadera con nuestro propio juicio e interpretación de las situaciones. Tememos estar equivocados y solo tomamos las decisiones más "seguras". Parte del crecimiento espiritual es saber que las señales del Cielo no siempre tienen sentido, como le pasó a Cindy Felger:

Vendieron la casa en donde vivía y tenía dos semanas para cambiarme. Tenía tres pastores australianos y un gato, así que era todo un reto encontrar una casa en renta con un jardín para mis perros. Claro que eso significaba que necesitaba rentar una casa y no un departamento. En ese entonces solo podía pagar 700 dólares al mes.

Todos los días buscaba casas en renta en la sección de bienes raíces del periódico, pero los dueños decían que sin perros. Aún así, seguía rezando y afirmando que el universo me daría el lugar perfecto. Entonces vi el anuncio de una casa que parecía tener todo lo que yo necesitaba... y ¡por solo 600 dólares al mes! Lo primero que pensé fue: *debe ser una cochinada*, y seguí buscando.

En eso escuché una amorosa y firme voz masculina que me decía: "¡Marca!". Volteé alrededor, pero no vi a nadie cerca. Y dije, "Está bien" y marqué el número del anuncio. Una señora encantadora contestó el teléfono. Me presenté, me dio la dirección y me fui a verla en ese momento. ¡Era perfecta!

Conseguí la casa, y mis perros, mi gato y yo vivimos felices ahí durante ocho años.

Cindy estaba muy feliz por no haber escuchado a la lógica y haber confiado en que el universo siempre escucha las oraciones y responde. Su disposición la condujo a una casa perfecta. Si no le hubiera hecho caso a la voz Divina, probablemente habría pensado que los ángeles no estaban ayudándola o que no estaba escuchando su guía.

En algunas ocasiones, las situaciones extremas de la vida pueden hacer que nos sintamos fuera de control. Las emociones pueden ser difíciles de manejar, pero no olvides que tus ángeles son muy poderosos. Recuerda que estás en la tierra para ser amado, tanto por los que están aquí como por los que se fueron, y para amarlos a todos ellos. Casi nunca hay un retraso cuando con el corazón pides ayuda y consuelo de los ángeles, como nos comparte Joyce Meyers.

Mi papá murió repentinamente hacía dos meses. Era demasiado para mí y estaba comenzando a enamorarme del hombre que más adelante sería mi esposo. No podía manejar todas esas emociones tan intensas y me preocupaba tener una crisis nerviosa.

Una mañana, cuando las cosas estaban especialmente intensas, me senté en mi escritorio y recé para pedir paz interior. Al hacerlo, empecé a sentir físicamente como si me empujaran desde atrás, como si me envolvieran en un cálido abrazo. Durante ese abrazo sentí que la ansiedad se iba disolviendo y salía de mi cuerpo, cuando escuché y sentí el mensaje: "Todo estará bien". En cuestión de segundos, mi mente se aclaró y mi cuerpo se sintió fuerte. Aún así, me quedé perpleja por lo que había pasado.

Después, me maravilló lo bien que me sentía. Había recuperado mi capacidad para lidiar con la situación y la fuerza para continuar. Había pedido ayuda celestial y la respuesta fue instantánea. Ahora tengo la certeza de que nos cuidan amorosamente.

La voz de Dios y los ángeles es la voz del amor y la sabiduría. Cuando hablan, lo hacen alto, claro y sin lugar a dudas. En situaciones de urgencia, la voz Divina está diseñada para llamar tu atención de inmediato, así que no creas que no vas a darte cuenta de este tipo de señal.

Los ángeles quieren que escuchemos sus mensajes y para ello, crean muchos caminos para hacerlos llegar a nosotros. En el siguiente capítulo veremos una de las formas más comunes en las que los ángeles los entregan: por medio de una secuencia numérica que vemos en los números de teléfono, en las placas de los coches, en los relojes, en los recibos, etcétera.

Capítulo siete

Señales de Ángeles
con números

Los números suelen ser las señales más interesantes —y algunas veces, más desconcertantes— que recibimos de los ángeles. Las secuencias se aparecen en patrones recurrentes y, si no sabes qué estás viendo, sientes como si alguien o algo quisiera confundirte.

Las señales con números vienen de todos lados. Las más comunes se presentan en relojes, placas de coches y edificios, en los números de teléfono, datos del *e-mail* y en los totales de los recibos. Cuando veas que se repiten los números pregúntale a tus ángeles qué significan o busca el significado en el libro *Números angelicales*, que explica el significado de los números del uno al 999 y abarca cualquier combinación con más dígitos.

En este capítulo leerás historias hechizantes de gente que ha permitido que los ángeles le ayuden, cambien, consuelen y reconforten con el poder de las señales de números. La primera historia es de Jason Simpson, que todos los días recibe recordatorios de que los ángeles siempre están con él:

> Mis ángeles me mandan señales en forma de secuencias de números que veo en placas de coches, en recibos, en teléfonos y cosas por el estilo. Por ejemplo, cuando veo el número 420, es como si los ángeles estuvieran diciéndome "Hola, Jason", pues mi cumpleaños es el 20 de abril. Escribo en un diario todos los números de ángeles u otras señales que veo. Algunas veces llego a ver hasta 25 señales de números de ángeles en un día.

La alegría de recibir números específicos de parte de los ángeles y del universo puede ser tan grande, que compartir el momento con alguien puede ser igual de poderoso, o más, para la otra persona. Angélica Montesano nos comparte un ejemplo:

Mi amiga Teresa me enseñó el significado del número once y sus patrones, como 111 o 1111. Aunque no sabía de dónde nacieron sus sentimientos por este número en particular, estaba con ella desde que puede acordarse. Le da gran importancia al día once de cada mes —y todavía más al once de noviembre, cuando la equivalencia numérica es 11/11—. Incluyó el número once en el nombre de su compañía de producción y lo usa en otros proyectos y situaciones que requieren números.

Una tarde de verano, me encontraba en el centro comercial comprando cosas para mi casa. Iba a pagar en una de las tiendas cuando el dependiente me dijo que el total era $111.01. Me di cuenta de la secuencia de los números y sonreí. En la siguiente tienda, el total fue exactamente de $111.

Inmediatamente pensé en Teresa y sentí que era importante llamarla en ese momento. Cuando marqué, entró la contestadora y le dejé un mensaje para contarle que la secuencia de los números en las notas me había hecho llamarla.

Cuando Teresa me devolvió la llamada, me contó que, cuando la llamé, estaba en el hospital muy triste por la muerte de su abuela. Dijo que mi mensaje del 111 fue un gran consuelo para ella. Ya sea que haya sido un ángel, el alma de su abuela, o el Divino Creador, me hizo estar para ella. Estoy segura de que mi mensaje para Teresa fue guiado de manera Divina.

La historia de Angélica es un recordatorio hermoso de que debemos actuar cuando recibimos señales junto con guía intuitiva. La secuencia de números 111 (y 1111) nos guía para tener pensamientos positivos y para que solo pensemos en lo que deseamos, más que en lo que tememos. Y no tenemos por qué tener miedo, pues esta secuencia es un recordatorio de los ángeles siempre presentes, como nos explica Cheryl:

Siempre que tengo dudas o preguntas, recibo un mensaje de mis ángeles. Si volteo de re-

pente a ver el reloj y marca las 11:11, me recuerda que me aman y que siempre están
conmigo para guiarme en el camino.

Los ángeles, que siempre quieren que estés
tranquilo y feliz, también te enseñarán señales con números para protegerte de la pérdida. Asegúrate de que haya amor en tu mente
y en tu corazón cuando pienses en tus seres
queridos o mascotas que ya no están, porque
se encuentran en tu presencia inmediata, como
ilustra el relato de Renee Pisarz:

> Cuando mi hermoso hijo, Stephen, mu-
> rió en un accidente de auto, me sentí des-
> trozada. Siempre había pensado que la
> muerte era el final... hasta que empecé a
> recibir mensajes de su parte en forma de
> números.
>
> Mi hijo jugaba basquetbol en la escuela y
> el número de su camiseta era el 54. También
> usó ese número en su dirección de *e-mail*.
> Después de la muerte de Stephen, empecé
> a ver el 54 en todos lados como señal de su
> amor duradero y su presencia.

Por ejemplo, veía el 54 en relojes, en placas de coches y en el velocímetro de mi coche. Incluso cuando dejaba el coche en el parquímetro, los minutos restantes eran su número. Eran sincronías, no coincidencias. Me di cuenta del patrón. Era como si siempre estuviera conmigo y estuviera guiándome.

El día de mi cumpleaños recibí un regalo especial. Me paré frente a una tienda de marcos de fotos y en el aparador estaba uno con detalles deportivos. No lo podía creer. Tenía una camiseta roja y, claro, era la número 54. ¡Un regalo de cumpleaños!

Después de la muerte física de mi hijo, mi alma se murió y volvió a nacer con mi nueva conciencia espiritual.

Los números también nos dan el valor que necesitamos para avanzar en la vida y crecer. Avisha nos cuenta cómo las secuencias de números la motivaron para seguir su guía Divina:

Hace poco empecé a ver la secuencia 744 en diferentes combinaciones. Ese número sig-

nifica "¡Vas por buen camino! ¡Sigue así!".
Sé que es la manera en que los ángeles me
dan señales de que debo seguir adelante.

Así fue especialmente un día en que iba
en el coche para tomar una sesión de reiki.
La sesión implicaba mensajes de los ángeles,
de guías y de seres queridos fallecidos. Nunca había ido a una lectura psíquica y, no sé
por qué, me daba miedo recibir un mensaje
de mi madre, que murió cuando yo era una
niña.

En el camino, estuve a punto de dar vuelta y regresarme a mi casa porque temía que
iba a escuchar algo que no necesitaba oír.
Entonces me rebasó un auto cuyas placas tenían el número 474. Supe que era un mensaje de mis ángeles diciéndome que estaba en
el camino adecuado y que fuera a la sesión
de reiki.

Mentalmente hice una petición a los ángeles. Les dije: "Por favor, mándenme otra
señal que me diga que debo seguir adelante
con la lectura". Casi de manera inmediata,

pasó otro auto con el número 447 en la placa. El miedo se fue en cuanto vi esos números.

Al final, la lectura estuvo muy bien y mi madre tenía muchos mensajes para mí. Siento que me sanó a nivel espiritual.

Los ángeles siempre están con nosotros y para ellos no hay tarea pequeña o insignificante. Están aquí para hacer que nuestra vida sea más pacífica y para ayudarnos a seguir en el camino adecuado y poder aprender las lecciones que hemos venido a aprender, pues son lecciones para la evolución del alma, de manera que aprender y crecer son parte esencial de la vida.

En la siguiente historia, una mujer llamada Robin nos cuenta que los ángeles se aseguraron de que no tuviera ni la menor duda de su presencia:

Era estudiante de doctorado de psicología educativa y había estado buscando un camino diferente, estaba muy estresada en la escuela y ansiosa por comenzar a trabajar y terminar el capítulo académico de mi vida.

Una noche, le grité al cielo para pedirle que alguien me sacara de lo que estaba haciendo o que, por lo menos, me ayudara a disfrutar de la escuela. Anhelaba ayudar a la gente en lugar de perder el tiempo en esas interminables horas de clases.

Empecé a ver en todos lados números que se repetían tres veces. Los veía en las placas de los coches, en el reloj, en mi celular y en la caminadora. No sabía su significado, pero me parecía extraño que me despertara muchas veces a media noche y viera el reloj, pero solo podía acordarme de cuando marcaba 2:22, 3:33 y 4:44. Le conté a mi amiga que estaba pasando algo extraño y que necesitaba saber el significado de esos números.

Finalmente, fui guiada al libro de Doreen, *Números angelicales*, donde leí que 111 significa tener un pensamiento positivo sobre la situación actual. Esto me llevó al estudio de los ángeles y los arcángeles.

Por fin me tocó enseñar y pedí a los ángeles que me ayudaran. Un día que estaba dándole un examen a mis alumnos, mencioné que cada uno tiene un ángel de la guarda. Me daba un poco de nervios decir eso porque son temas cuya discusión no suele aceptarse en una escuela que no sea un curso de teología.

Frotándose los brazos, una chica sentada al frente dijo: "Yo creo que está chido, me pone la piel chinita". Otro estudiante dijo: "¡A mí también!".

Cuando les entregué el examen final, sin dudarlo, le dije: "Si necesitan ayuda con el examen, llamen al arcángel Zadkiel porque es el 'arcángel de la memoria', el que te ayuda a recordar cosas". Mis estudiantes sonrieron.

Regresé al escritorio, abrí mi celular para ponerlo en silencio. La hora era 11:11. Pensé: *Muy listos, ángeles, muy listos.* Mi corazón siempre está agradecido y abierto a recibir sus mensajes que me aseguran que no estoy loca. En mi mente vi que el Arcángel Miguel sonreía.

No sé si fue la ayuda de Zadkiel en el salón de clases o solo fue que los estudiantes tenían buenos hábitos de estudio, pero todos los que presentaron el examen final ese día sacaron diez de calificación.

Parte del chiste de encontrar números es descubrir su significado. Cuando empezó a pasarme (a Charles) esto, sentí como si fuera un participante en un importante juego al que no recuerdo haber pedido que me admitieran. Algunas veces, se siente extraño porque los patrones y la consistencia de los números son tan complejos, aunque se encuentran tan al azar, que no es posible que sea coincidencia. Una mujer que se llama Pai Chideya nos cuenta que encontró su paz con las señales de números:

Justo después de conocer al hombre que pensé que era mi alma gemela, ¡empecé a ver el 111 por todos lados! También comencé a despertar a las 2:22, 4:44 y 5:55. Los números estaban volviéndome loca porque sabía que significaban algo, pero no lo entendía.

Veía esos números cada vez que volteaba o abría un libro. Me preguntaba su significado pero no tenía manera de saberlo.

Poco tiempo después tuve dos jefes nuevos. Una se llamaba Doreen y el apellido del otro era Virtue. Por eso me quedé perpleja cuando encontré el libro *Números angelicales*, de Doreen Virtue (que jamás había oído hablar de ella).

Empecé a leer el libro y los números tuvieron sentido. Eran una forma de comunicación con los ángeles que yo no podía controlar. Ahora me encanta que pase todo esto y de verdad siento que los ángeles, Dios y el universo están guiándome. Mientras más confío, más guía recibo.

Como con cualquier otra señal, puedes pedirle a los ángeles que te enseñen un número cuando sientas que va a ayudarte o a reconfortarte. La clave para pedir una señal es no forzarla ni acelerar el tiempo de los ángeles. No te pongas a mirar en lugares donde normalmente no lo harías, ni te sientas frustrado porque el número no se te aparece en un enorme espectacular dos segundos después de haberlo pedido. El momento es siempre Divino y los ángeles jamás van a defraudarte. Algunas veces funcionan a su manera, como descubrió Joyce O'Keeffe:

> Estaba atravesando una época verdaderamente difícil a nivel mental, físico, emocional y espiritual. Aunque crecí en un hogar positivo y viví muchos años feliz en casa, en un punto perdí la fe en mí misma. Cuando me miraba al espejo, no reconocía el reflejo.
>
> Para que me sintiera mejor, una amiga y yo decidimos ir a un bar. Me arreglé, pero no estaba contenta. Al contrario, mi autoestima era nula y me sentía prisionera de mis pensamientos negativos.
>
> Afortunadamente, me quedaba el recurso de pedirle a Dios una señal. Dije: "Dios, si hoy en la noche veo el número siete, enton-

ces sabré que es una señal Tuya de que todo estará bien". No sé por qué escogí el número siete y pronto me olvidé de la oración.

Puse mi mejor cara y me aventuré con mi amiga al bar, estuvimos bailando. Cuando ya nos íbamos, un hombre que no conocía se me acercó y me dijo: "Todos somos sietes. Yo soy siete. Tú eres siete. ¡Todo es siete!". Lo dejé hablar durante cinco minutos, pasmada por lo que estaba escuchando.

Para mí, fue un ángel enviado por Dios. Le di un abrazo y le dije: "¡No sabes lo que esto significa para mí!".

Esa noche me di cuenta de que había alguien que quería que yo siguiera adelante y que no perdiera la fe. Nunca olvidaré la magia de Dios y mis siempre protectores ángeles.

En ocasiones, los números son señales de nuestros seres queridos que fallecieron. No suelen ser tan generales como las señales con números de los ángeles. Por lo general, más bien se refieren a algo personalmente importante, como una fecha de nacimiento o de aniversario. Algunas veces, los ángeles nos mandan placas de autos con las iniciales de nuestros seres queridos y un número importante.

Si ves números que te recuerdan a alguien, confía en el significado. Como nos cuenta Lorraine Halica en el siguiente relato, los números pueden ser extremadamente sanadores:

> Mi amado esposo, Peter, se fue al Cielo de manera inesperada. Para poder manejar el dolor decidí mudarme a otro estado y estar más cerca de mi hermana. Vendí la casa vieja en menos de un mes y estaba segura de que era lo correcto.

> Las nuevas placas de mi coche eran 505 WKS. Lo relacioné con 505 *weeks* (semanas), era una placa fácil de recordar.

> Pero, entonces, mi hermana me señaló algo que yo no había notado: Si Peter estuviera vivo, ¡llevaríamos 505 semanas de casados!

¿Coincidencia? ¡No creo! Me dio un escalofrío, le agradecí a Dios por la señal y prometí quedarme con esa placa para siempre.

Hasta ahora, hemos visto señales del Cielo y has leído historias sobre sanación y los descubrimientos de otras personas. Pero, ¿y tú? En los siguientes dos capítulos veremos cómo puedes obtener señales específicas en relación con varias preguntas y preocupaciones de la vida.

Capítulo ocho

Pide una señal

Claro que las señales son una gran herramienta para mostrarte el camino. Pero si no te llegan de manera automática, ¿cómo puedes "activarlas"? Bueno, independientemente de que hayas escuchado que hay que hacer rituales, comunicarte con los ángeles y pedirles señales ¡es más fácil que leer este párrafo! Cada vez que piensas, deseas, quieres o manifiestas cualquier cosa de la manera que sea, estás pidiéndola y los ángeles están escuchando.

Por eso es importante que vigiles tus pensamientos y que mantengas en la mente lo que sí quieres. Aunque los ángeles están presentes para ayudar y asegurarse de que estés en el camino adecuado, también entienden que todos estamos aquí para aprender y evolucionar. Por lo tanto, siempre se aseguran de complacerte, aunque tus pensamientos no siempre sean lo mejor para ti.

Esto se debe a que la ley de energía es tan absoluta y completa en este universo, que nuestro deber es asegurarnos de que solo fluya a través de nosotros la energía amorosa más superior y más positiva. Esto no es algo que logremos hacer de la noche a la mañana, pues tenemos una inclinación natural a encargarnos de todo y nos enfocamos en lo que creemos que es importante. De manera que, cuando nos enfocamos en cosas malas, estamos perpetuando la negatividad. Parece un círculo vicioso porque, ¿cómo diantres seremos capaces de resolver algo si no podemos procesarlo? Ahí es donde los ángeles entran a escena…

¿Has oído eso de "déjalo en manos de Dios"? Si existen otras palabras más ciertas para regir tu vida, no las conocemos. Uno de los aspectos más maravillosos y benditos de tener ángeles a nuestro alrededor es que ellos hacen casi todo para asegurarse de que nuestra vida sea feliz, plena y en la luz. También se aseguran de que seamos consolados en momentos de necesidad, de darnos una sensación de compañía cuando nos sentimos solos y de darnos fuerza cuando nos sentimos débiles o indefensos. Y los ángeles no piden nada a cambio de toda esta ayuda más que seamos felices y creamos en que existen.

Cada vez que quieras que los ángeles te envíen una señal de consuelo o guía, sigue los siguientes pasos:

PASOS PARA RECIBIR LAS
SEÑALES DEL CIELO

1. Pide. Debido a la *Ley del libre albedrío*, los ángeles solo pueden ayudarte —incluyendo darte señales— si se los pides. Entonces, si quieres una señal, pídela. Es mejor que no especifiques qué quieres que se te presente. Más bien, debes darte cuenta de los patrones repetitivos que se presentan después de hacer la petición.

Aunque los rituales no son necesarios, sí pueden ser útiles porque somos criaturas de costumbres. Si hacemos que comunicarnos con los ángeles sea una rutina y un instinto, enton-ces nuestra vida será bendecida más allá de lo que imaginamos. Pensar es un tipo de oración y darnos cuenta de ello nos ayuda a asegurarnos de que todas las peticiones que hagamos a los ángeles son las que verdaderamente queremos.

Louise nos cuenta que pedir una señal le ayudó a tener paz dentro de una situación trau-mática. Ahora recibe señales anuales de que todo está bien.

Nos sentimos destrozados cuando le diag-nosticaron una condición rara en el corazón a mi hijo Ricky, de tres años. Poco después, murió en los brazos de mi esposo.

Unos días después de la muerte de Ricky, mi esposo tuvo que reincorporarse al traba-jo. Casi no conocía a nadie en donde vivía-mos, en realidad no tenía a nadie con quien hablar. Fueron unos días desesperadamente solitarios y tristes. Aproximadamente una semana después de que Ricky se fue, mi es-poso y yo estábamos sentados en el porche de la casa. Me sentía muy triste y le dije:

"Me gustaría recibir una señal de que está bien. Solo quiero saber que está cuidado y que está contento, que ya no le duele nada".

En ese momento, nuestra hija mayor vino corriendo y gritándonos que fuéramos al jardín de atrás. Corrimos y, cuando llegamos, vimos el arcoíris más maravilloso justo sobre nuestro jardín. Era enorme y los colores eran tan brillantes. Aunque el arcoíris era excepcionalmente hermoso, pensé que se trataba de una coincidencia.

De repente, como para convencerme de que no lo era, empezó a nevar; de manera suave, caían suavemente unos copos pequeñitos. Nos quedamos parados con los brazos abiertos viendo cómo caía la nieve, cómo se derretía sobre nuestra piel, y mirándonos unos a otros con expresión de incredulidad. Era un día soleado y no parecía que fuera a nevar.

Pregunté a otras personas si habían visto la nieve y se quedaron mirándome como si estuviera loca. Le hablé a mi hermana por teléfono y se lo conté —pensó que mi dolor era demasiado para mí y sugirió que viera a un terapeuta—. Pero yo sabía que sí había pasado y que era una señal. Aunque solo nosotros vimos la nieve, me dio mucha paz y fui capaz de seguir adelante.

También el pequeño rosal amarillo que planté justo después de que Ricky murió, nos da señales de que él está bien. Cada año, el día del aniversario de su muerte y en su cumpleaños, tengo brotes nuevos. Para mí, esos rosales amarillos son la forma en que los ángeles me dicen que mi hijo está bien.

2. Ten fe. Confía en que los ángeles están contigo y ten fe en las señales que te envían. Michelle Simmonds nos enseña que muchas veces es suficiente con solo pedir y creer, y que la fe es una herramienta muy poderosa:

Me había ido a vivir a Melbourne, Australia, y no conocía a mucha gente. Así que, cuando una compañera de trabajo amablemente me invitó a una fiesta, acepté con gusto.

Hacía mucho frío y estaba muy oscuro cuando iba manejando hacia la fiesta. Aunque me habían explicado cómo llegar, me perdí en las calles de una zona industrial desierta. Estaba asustada, no tenía un celular ni un mapa, así que le recé a Dios y a mis ángeles para que me ayudaran. En ese instante tuve una sensación de calma.

Seguí manejando y escuché a mi intuición, sentía que Dios y los ángeles estaban guiándome. Al poco tiempo llegué a la avenida principal y vi un restaurante de comida rápida. Fui a la ventanilla de autoservicio, pedí algo y pregunté cómo llegar. Saliendo del restaurante, vi una iglesia del otro lado de la calle y me ataqué de la risa cuando leí el tablón de anuncios. Decía, "¿Estás perdido? ¡Deja que Dios te muestre el camino!"

3. Confía en el momento divino. Todas las oraciones son escuchadas y respondidas, pero, algunas veces, parece que se cumplen con retraso porque los ángeles trabajan tras bambalinas para ultimar los detalles.

El relato de Heather Succio ilustra que las peticiones y las oraciones son respondidas justo cuando tiene que ser:

Conocí al abuelo Davis solo durante los primeros seis años de mi vida, esa edad en la que cualquier tipo de amabilidad te impacta profundamente. Mi abuelo era mi amigo. Constantemente me ayudaba y hacía cosas que en la vida de un niño de cinco años marcan una gran diferencia. Por ejemplo, me hizo una nariz de bruja con boligoma para *Halloween* y fue conmigo a mi primer gran aventura de salir a pedir dulces. Me hizo un hermoso álbum de fotos de la escuela con boletas de calificaciones, fotos, trabajos del kínder y dibujos empastado y con letreros escritos a mano.

Mi abuelo también era un ávido coleccionista de sellos. Le encantaban —los nacionales o extranjeros, nuevos o maltratados—. Juntaba, empastaba y exhibía orgulloso cientos de sellos postales que guardaba en libros y cajas, y de esos libros y cajas estaban llenos los clósets de casa de mis padres. Le encantaba verlos y disfrutaba de su conexión con lugares exóticos.

Aunque trabajaba para compañías aéreas, estaba metido siempre en el hangar de los mecánicos. Muchas veces he pensado que tenía el corazón de un romántico trotamundos, fantaseaba con los lugares a los que iría algún día. Después de que murió, yo confiaba en que estuviera "allá arriba" en algún lugar, aunque no pudiera tocarlo, ni oírlo ni verlo.

Una tarde que me sentía particularmente nostálgica, pedí que mi abuelo me dijera hola. Sabía que no hay que pedir algo específico. Recé por saber que estaba ahí pero de forma más tangible que solo un sentimiento en mi corazón.

Al día siguiente de haberle pedido una señal a mi abuelo —doce horas después de rezar por una señal de su presencia en mi vida— llegó un paquete por correo. Estaba sentada a la mesa de la cocina y mi esposo dijo: "Llegó un paquete que pedí, de Hong

Kong, ¡de todos lados! Toda la caja está cubierta, de arriba abajo, en los lados, de unos sellos preciosos. ¿Conoces a alguien que los coleccione?".

Se me llenaron los ojos de lágrimas cuando le agradecí a mi esposo, y después a mi abuelo. La vida es hermosa y maravillosa, en especial cuando sabes que no estás solo en ella. Pide y se te dará… ¡incluso si son señales del cielo! Aunque siempre he sentido que los ángeles me aman y me cuidan, es maravilloso recibir una confirmación.

Como nos enseña la historia de Heather, algunas oraciones son respondidas de inmediato y otras pueden tardar un poco. Pero los ángeles siempre escuchan y responden a todas las peticiones de ayuda.

4. **Date cuenta de las señales.** Si pediste una señal y crees que no has recibido ninguna, puede ser que no te hayas dado cuenta de las que te han mandado, o que no hayas confiado en que lo que viste fuera una señal. Pero no te preocupes, ¡las señales jamás se terminan! Pídele a los

ángeles que te manden más señales y pídeles que te ayuden a reconocerlas y entenderlas.

Los ángeles están encantados de enviarte señales hasta que las percibes. Aunque no entiendas qué significa alguna, es importante que las notes. Es buena idea pedir a los ángeles que te expliquen su significado además de confiar en tu intuición y tus ideas sobre lo que significan.

El miedo de Bev Black fue disipado porque confió en las luces que vio (que, por cierto, son una señal que significa que los ángeles están contigo, protegiéndote y vigilando la situación):

Iba en el auto al aeropuerto de Bellingham, en Washington, a recoger a mi esposo. Había tomado dos ferris canadienses y me encontraba en el último tramo de mi viaje de Columbia Británica a Washington.

La carretera estaba nevada y tenía hielo, pero de repente cayó una tormenta con rayos, truenos y granizo tan grande que casi no tenía visibilidad. No había espacio para orillarme porque la carretera era estrecha y oscura.

Me asusté y pedí a mis ángeles que me protegieran y me llevaran a mi destino. En pocos minutos vi que había unas luces brillantes junto a mí en el asiento del copiloto y supe que mis oraciones habían sido escuchadas. Había un ángel sentado a mi lado para tranquilizarme y ayudarme. Manejé con tranquilidad y confianza durante el resto del camino, sabiendo que ya no tenía por qué estar preocupada.

5. Actúa cuando seas guiado. Las señales del Cielo suelen enviarte mensajes sobre cosas que puedes hacer para originar la respuesta a tus oraciones. Lisa Hopp descubrió que es importante actuar cuando te guían:

Estaba teniendo un día terrible y no sabía cómo manejarlo. En el coche, de camino a casa de mis papás, miré hacia el cielo y grité fuerte: "¡¿Qué hago para salirme de esto?!".

Me fijé en una camioneta gris que se acercaba por la izquierda. Al principio, la forma en que me rebasó me llamó más la atención que la camioneta: venía bastante rápido y, una vez que pasó, pareció ir más despacio.

La camioneta tenía una calcomanía blanca con flores color púrpura pegada en la defensa, y había algo escrito en la parte inferior. El púrpura es mi color favorito y me fijé de inmediato en ella. La calcomanía decía: "Simplemente simplifica". Increíblemente en el momento en que lo leí, la camioneta aceleró y subió por una cuesta. Segundos después, cuando subí por la misma cuesta, la camioneta ya no estaba.

Mi instinto me dijo que, por medio de esa señal, acababa de recibir una respuesta a la oración que había hecho antes pero, mentalmente no entendí el mensaje y emocionalmente no creí que fuera digno de intervención, así que pensé que solo era una coincidencia.

Dos horas más tarde estaba en la sala de mi casa leyendo el periódico del domingo.

En la televisión que estaba frente a mí transmitían el primer partido de futbol americano del día. Acomodé cada sección del periódico frente a mí para tener mejor acceso a las que me interesaban.

La sección de bienes raíces estaba a la izquierda. Mi atención se iba constantemente a esa dirección y no entendía la razón. Incluso levanté la sección, vi la parte frontal y volví a dejarla en la mesa. Lo hice dos veces antes de rendirme al impulso de abrir la primera página. En la esquina inferior izquierda estaba el dibujo de unas casas enormes y lujosas. En el frente de esas casas se leían las palabras *Simplemente simplifica*.

Antes de que pudiera reaccionar ante esas palabras, el volumen de la tele se subió mucho. Volteé al instante y estaban hablando los dos comentaristas. Uno le dijo al otro: "¿Cómo crees que haya podido hacer esos cambios en la ofensiva?"

El otro le contestó, "Lo sé perfectamente: *simplemente simplificó* la línea ofensiva".

Y el volumen volvió a bajarse solo. Empecé a llorar. Le agradecí a mis ángeles y les pedí que me ayudaran a entender el mensaje y a hacer los cambios que necesitaba. Desde entonces, he simplificado mi vida en diferentes formas y me ha ayudado a manejarla mejor, y a escuchar mejor a mis ángeles.

Otras maneras de obtener señales

- **Di la oración en voz alta.** Si sientes que pensar lo que quieres o deseas no es suficiente, intenta decir una oración en voz alta. Aunque para los ángeles no hay diferencia, lo que tú sientes en cuanto a tu forma de expresión es casi tan importante como el hecho de hacerlo. Esto se debe a que, si no estás seguro de haber entregado tus problemas al reino angélico, es probable que te sientas tentado a centrarte en ellos (y ya sabes lo que puede ocasionar la atención negativa). Decir una oración en voz alta es una manera maravillosa de soltar la preocupación.

- **Escribe una oración.** Otra manera poderosa de comunicación es escribir tus pensamientos en papel o en la computadora. Es muy eficaz, porque no solo permite que te expreses totalmente, sino que además, guardarlos te sirve como recordatorio físico de que ya manejaste ese tema al dárselo a los ángeles. Lo que escribas no tiene que ser legible, cronológico, gramaticalmente correcto; ni siquiera con oraciones enteras. Lo más importante son tus sentimientos al escribir.

- **Medita con tu oración.** La meditación te permite expresar tus pensamientos por completo. Yo (Charles) medito con frecuencia cuando tengo una petición o una pregunta. Conforme entro en un estado de meditación más profundo, pido a los ángeles que se lleven todos los pensamientos de mi cabeza y que se encarguen amorosamente de ellos. Mi regla para meditar es que no puedo volver a la realidad antes de que mi mente quede vacía de todo pensamiento y emoción. Cuando vuelvo de la meditación, me quedo con una sensación de relajación absoluta. También me he desecho de esos molestos pensamientos que se esperan hasta que no haya nada en tu mente para comenzar a molestar, ya sabes a cuáles me refiero: ¿Pagué la cuenta de...? ¿Qué habrá querido decir con...? *Me duelen los pies*; los pensamientos que evitan que estés en paz verdadera.

- **Visualiza que tu oración es escuchada y respondida.** Una manera extremadamente efectiva de comunicar tus deseos al reino angélico y de ayudar a que se vuelva más poderoso en cuanto a su manifestación, es visualizar que ya se cumplió y se logró lo que quieres. Cuando te fijas una meta, ten la certeza de que puedes alcanzarla, ve el producto final de tu esfuerzo y no te permitas centrarte en el miedo ni en la duda en cuanto a los detalles.

La siguiente vez que tengas un problema utiliza la técnica que funcione mejor para ti y tus circunstancias para pedir a los ángeles que se lleven lejos el problema y lo resuelvan. Ten paciencia, pues el tiempo del Cielo no se rige por nuestros relojes, más bien, la divinidad lo guía. No olvides que si empiezas a dudar de la capacidad de los ángeles, incluso sabiendo que se han llevado el problema, detienes todo el proceso porque creen que ya no quieres que te ayuden.

No importa el método que elijas, no importa qué desees, recuerda que los ángeles no están para actuar en tu lugar, sino para guiarte para que hagas lo necesario para que tu alma crezca y madure. Por ello es que las señales son tan importantes, están en todos lados y, si nos abrimos a recibirlas en cualquier forma que tengan, entonces nuestras vidas serán mucho más pacíficas y armoniosas.

Usa todos tus sentidos para darte cuenta de las señales, que siempre son enviadas como respuesta a tu petición. Entonces, una señal puede llegarte visualmente, por medio de tus sentimientos, como una voz o música que escuches, como idea que se aparece de repente en tu cabeza o por medio del sentido del olfato, como ilustra el relato de Krista:

Aunque solo tengo once años, siempre he tenido una fuerte conexión con los espíritus que me rodean. Siempre que me quedaba en casa de mi abuela, los veía y los sentía alegremente.

Algunas veces me siento vacía por no ser capaz de ayudar al mundo. Me siento inútil y deprimida. Pero, cuando me pasa eso percibo un olor momentáneo a humo. En lugar de asustarme, hace que me sienta reconfortada.

Cuando por fin hablé con mi mamá al respecto, fue cuando me enteré de que mi abuelo fumaba, y el olor era una señal de que él estaba conmigo y me consolaba. Le agradezco enormemente su ayuda.

El olor personal, como el olor a humo de cigarro del abuelo de Krista, es señal de la presencia y la felicidad de un ser querido fallecido. Y algunas veces, como descubrió una mujer llamada De Williams, una fragancia personal importante también puede ser señal de guía Divina:

Pedí a los ángeles una confirmación física de su presencia y de que en verdad tengo habilidad psíquica y puedo desarrollarla. Pasaron los días sin que nada sucediera. Empecé a usar las cartas del oráculo *Mensajes de tus ángeles* y siempre me salía la carta que indicaba que un ser querido fallecido quería contactarme. No tenía idea de quién podía ser, entonces también pedí que me lo aclararan.

Yo trabajo con mi suegro, que es dueño de su propia empresa, y la oficina está en su casa. Un miércoles en la mañana llegué a trabajar, y al entrar a la sala me llegó el olor de una loción de hombre y de inmediato pensé en mi padre porque olía igual a la que él usaba. No había notado que mi suegro usara loción, pero tampoco sabía que *jamás* usara, así que me olvidé del asunto. Durante toda la mañana percibí ese olor en distintas partes de la casa. Olía la loción en cualquier habitación de la casa. Incluso llegué a preguntarme si era una "pista" relacionada con la carta de un ser querido fallecido. Pero asociaba tanto al aroma con mi papá, que está vivo y está sano, que decidí que no era el caso.

Después de pensar eso escuché una voz que dijo en mi mente: *Llama a tu papá y asegúrate de que está bien.* Todo el tiempo tengo premoniciones equivocadas, así que decidí que mi papá estaba bien y que yo estaba de paranoica. Otra vez, no hice caso al pensamiento, igual que al aroma.

Más tarde fui a la librería. Estaba viendo el libro *Arcángeles y maestros ascendidos* cuando me llegó de nuevo el aroma de la loción. No había nadie, ya no digamos un hombre. Nadie había entrado. Esa tarde lo percibí más de una vez cuando estaba en el jardín de mi casa. Incluso olí mi blusa (aunque ya sabía que el aroma no provenía de ahí) para ver si era yo. No encontré nada y no le di importancia, y esa fue la última vez que percibí el olor.

Al día siguiente, le mandé a mi papá un chiste por *e-mail* y, para mi sorpresa, me contestó (casi nunca lo hacía). El *e-mail* decía que el día anterior le habían dado unos *shocks* en el corazón. Le llamé para ver qué había pasado. Estaba en el consultorio del doctor y había tenido fibrilación auricular. Lo mandaron a urgencias y no respondió al medicamento, así que tuvieron que detenerle el corazón y darle *shocks* para que recuperara el ritmo.

Le conté a mi papá que el día anterior estuve percibiendo su loción y que estuve a punto de llamarle para preguntarle cómo estaba. Y me dijo que ese día sí había usado loción, que era la primera vez que se la ponía después de muchos meses. Le pregunté la hora a la que pasó todo lo de la arritmia, pues había olido frecuentemente la loción desde las nueve de la mañana hasta mediodía. Dijo que todo empezó a las 9:30. Ya se sentía bien, estaba trabajando y al día siguiente tenía cita con el cardiólogo.

Mi papá padece de presión alta ¡pero nunca había tenido problemas con el corazón! Así que me fui a mi casa y hablé con mis ángeles. Les ofrecí una disculpa por haber ignorado su advertencia. Les pedí sanación para él, en especial que el cardiólogo le dijera que estaba en perfecto estado de salud.

Llamé a mi papá después de su cita y me dijo que el doctor le había dicho que su corazón estaba bien. No encontraron la causa de la fibrilación auricular y su corazón estaba sano. Ya no he vuelto a dudar de la presencia de los ángeles. Sé que están ahí.

Las señales también pueden llegar a través de otras personas, así que es importante poner atención cuando la palabra de una persona nos suena sincera. Puede ser que los ángeles hayan mandado lo que la persona dijo (y esa persona suele no darse cuenta del papel de ángel de la tierra que acaba de desempeñar). Es cuestión de confiar en los que escuchas, como Rosalinda "Chayito" Champion se dio cuenta cuando escuchó el mismo mensaje en dos personas diferentes:

Soy cantante profesional de flamenco y crecí en una familia de artistas. Creo que siempre he sabido que la música, los ángeles y Dios están conectados. He recibido guía divina muchas veces para cantar para y sobre Dios, pero lo ignoré durante los últimos 20 años.

Hace poco, estaba cantando en un bar donde había mucho ruido, alcohol y buen ambiente. Tres señoras vestidas de blanco me dijeron que querían ver mi espectáculo y quizá contratarme para la fiesta de cumpleaños de su padre. Cuando terminé, me invitaron a su mesa, me tomaron la mano y comenzaron a rezar por mí. Miré alrededor pero nadie estaba viéndonos. Cerré los ojos y ellas seguían rezando por mi fuerza, salud, dirección, etcétera.

Cuando terminaron, una me dijo: "tengo un mensaje para ti de parte de Dios. Te has formado con mucho sufrimiento durante todos estos años. Chayito, ahora vas a cantar para Él, con tu potente voz, canta Su mensaje y Su alabanza".

¡Me quedé sorprendida por la manera en que Dios se acercó a mí en pleno bar San Antonio! Pero, tres semanas después me había olvidado de todo el asunto. Y las tres hermanas volvieron con otras más, todas vestidas de blanco, y una de las mayores me dijo: "Tengo un mensaje de Dios para ti: tienes que empezar a escribir canciones y componer música para que cantes Su mensaje y alabanzas".

La mujer que me habló la vez anterior volteó y dijo: "Hace tres semanas le di el mismo mensaje y yo no les dije nada a ustedes, así que es una confirmación".

Sentí que los ángeles y Dios enviaron a esas maravillosas mujeres y que, después de años de preguntar mi misión, Él me la había revelado. Ahora estoy haciéndolo con esta guía y con la ayuda del Arcángel Gabriel. Ahora creo en la existencia de los ángeles terrenales y hace un mes conocí a seis.

En el siguiente capítulo leerás sugerencias de oraciones que te ayudarán a recibir mensajes para asuntos específicos de la vida.

CAPÍTULO NUEVE

ORACIONES PARA

RECIBIR SEÑALES

Las palabras que usas no son tan importantes para el propósito de tus oraciones. Y eso es porque los ángeles responden a tus intenciones. De manera que puedes rezar por tu trabajo o por tu relación, por ejemplo, en cientos de maneras diferentes. Los ángeles sí prestan atención a las emociones subyacentes. ¿Estás pidiendo paz, seguridad, emoción o gozo? Eso es lo que los ángeles te traerán.

Los ángeles responden a la mayoría de las oraciones dándote señales u otras formas de guía divina (como sentimientos intuitivos o ideas que se repiten). Cuando te das cuenta de esas señales y las sigues, se abren en consecuencia todas las puertas de oportunidad y tranquilidad, como has leído a lo largo de este libro.

En este capítulo veremos algunos ejemplos de oraciones que puedes usar para obtener señales para diferentes áreas de tu vida. Dilas en voz alta, en silencio, cantadas, escritas o de cualquier manera que quieras. De nuevo, la forma en que reces no es lo importante en comparación con los siguientes tres pasos:

1. **Pide.** No olvides que los ángeles solo pueden enviarte señales si tú se los pides.

2. **Date cuenta de las señales cuando se presenten.** Debes confiar en que las señales no son coincidencias. Si dudas de la validez de las que te encuentras, repite el número 1 y pide una señal que te indique que lo que pides es real.

3. **Sigue la guía que te dan las señales.** Si las señales de tus ángeles te piden que actúes, debes hacerlo para que tu oración sea cumplida.

Vamos a empezar con una oración general para recibir señales:

Amados ángeles:

Les pido que me den señales claras en el mundo físico, que yo me dé cuenta y las entienda fácilmente para que me ayuden con (describe la situación o petición).

Esta oración pide que las señales te lleguen de manera concreta y que seas capaz de reconocerlas.

Ahora, la siguiente es una oración para ayudarte a seguir la guía Divina inherente a las señales:

Amados ángeles:

Por favor, denme el valor y la motivación para actuar una vez que me han guiado.

Las siguientes secciones incluyen oraciones para que recibas señales para situaciones específicas. Puedes alterarlas como tú quieras o crear unas propias. Recuerda que los ángeles escuchan y responden a todas las oraciones de todo el mundo (y eso *te* incluye).

ORACIONES PARA RECIBIR BENDICIONES Y PROTECCIÓN

ORACIÓN PARA NIÑOS

Amados ángeles:

Por favor, mándenme una señal para saber que mis hijos están rodeados de amor. Por favor, mándenles mi amor y cobíjenlos con su energía protectora. Les pido que me enseñen señales claras y obvias cuando sea el momento en que yo deba ayudar o intervenir de manera que beneficie su desarrollo.

ORACIÓN PARA EL CÓNYUGE

Amados ángeles:

Por favor, cuiden y protejan a mi cónyuge, envíenme una señal que me diga que todo en nuestra relación está bien. No lo pido por inseguridad, sino como un amoroso recordatorio de que estoy en el camino correcto.

Oración para los padres

Amados ángeles:

Gracias por cuidar a mi madre y a mi padre, por guiarlos, protegerlos y ayudarlos. Por favor, denme una señal clara de su amor y su felicidad y guíenme si debo hacer algo para ayudarlos o para que ellos me ayuden.

Oración para mascotas

Amados ángeles:

Por favor, cuiden a mi mascota y asegúrense de que mi amado animal tenga seguridad, buena salud y felicidad. Gracias por enviarme señales claras que me permiten entender mejor las necesidades de mi mascota.

Oración por una mascota perdida

Amados ángeles:

Sé que nada ni nadie puede perderse, puesto que ustedes lo ven todo y a todos. Afirmo que *nada se pierde ante los ojos de Dios. Les pido que me ayuden a reunirme ahora con mi mascota. Les pido que me manden una señal para que pueda encontrar a mi mascota. Ahora estoy en paz, sabiendo que Dios y mi ser superior están en contacto con mi mascota.*

ORACIÓN POR UN AMIGO

Amados ángeles:

Por favor ayuden a mi amigo (nombre de la persona) para que encuentre paz en su interior y dentro de esta situación. Denme señales que distinga fácilmente para saber cómo ayudar a mi amigo de la mejor manera y darle mi apoyo.

ORACIONES PARA RESOLVER CONFLICTOS

ORACIÓN PARA SANAR UN DESACUERDO CON UN SER QUERIDO

Amados ángeles:

Por favor, envíenme una señal de que hay una solución pacífica y armoniosa para este conflicto que se me ha presentado. Por favor, que el amor y el perdón nos rodeen y nos guíen de regreso a los brazos del otro.

Oración para comunicarse con los niños

Amados ángeles:

Por favor, mándenme una señal que me diga lo que tengo que decir y marque una diferencia para mis hijos. Por favor, envíenles amor y protección, que sepan que solo quiero lo mejor para ellos.

Oración para resolver una discusión con un vecino

Amados ángeles:

Por favor, denme una señal de que esta situación con mi vecino tiene solución. Compartimos un lugar general y, por ende, la misma energía general; quiero asegurarme de que ambos enviamos solo luz y amor.

Oración para aliviar la tensión
con los suegros

Amados ángeles:

Por favor, les pido una señal de que todo se va a arreglar y de que estaré en paz con los padres de mi cónyuge. Estoy enamorado/a de su hija/o y quiero que la madre y el padre de mi cónyuge sepan que solo tengo las mejores intenciones para nuestra relación.

Oración para resolver problemas
en el lugar de trabajo

Amados ángeles:

Por favor, denme una señal de que volveré a tener felicidad en el trabajo o que estoy destinado para tener otro puesto. Les pido que guíen mi siguiente paso, ya sea ayudándome a resolver los asuntos actuales o mostrándome que es momento de avanzar.

ORACIONES POR SALUD

ORACIÓN PARA CURAR ADICCIONES

Amados ángeles:

Por favor, libérenme de las ansias de (nombre de la adicción) *y ayúdenme a sentirme satisfecho y en paz de manera natural. Gracias por darme señales claras que guíen mis pasos hacia direcciones sanas.*

ORACIÓN PARA SANAR UNA ENFERMEDAD

Amados ángeles:

Mi oración más grande es para tener paz en todos los niveles: física, emocional, mental, intelectual y espiritualmente. Por favor, denme señales que me indiquen cómo mejorar mi salud en todas estas áreas.

ORACIÓN PARA ADOPTAR UN
ESTILO DE VIDA SANO

Amados ángeles:

Gracias por darme señales claras en cuanto a cómo llevar un estilo de vida sano. Por favor, guíen lo que como, lo que bebo, lo que hago de ejercicio, mi sueño y todos los aspectos de una vida saludable.

ORACIÓN PARA SANAR UN
CORAZÓN EN DUELO

Amados ángeles:

Gracias por ayudar a que mi corazón sane del duelo. Por favor, envíenme una señal que me haga saber que mi amado está bien en el Cielo y (añade lo que quieras saber sobre esa persona).

Oración para bajar de peso
y estar en forma

Amados ángeles:

Estoy listo para eliminar de mi vida el peso que me sobra y es perjudicial para mí. Por favor, envíenme señales y guíenme hacia los métodos para bajar de peso más efectivos y saludables que sean adecuados para mi personalidad, presupuesto y horario.

Oración por la salud de un
ser querido

Amados ángeles:

Les pido que den atención, amor y cuidado extra a (nombre de la persona) *y que lo cuiden para que recupere su buena salud. Por favor, envíenme señales de tranquilidad y guíenme para saber cómo puedo ayudar mejor a* (nombre) *y su salud.*

ORACIÓN PARA RECUPERARSE DE UNA HERIDA

Amados ángeles:

Gracias por ayudar a mi cuerpo a regenerarse de manera milagrosamente rápida. Por favor, denme señales que me hagan saber que estoy recuperándome y guíenme para saber qué pasos debo tomar.

ORACIONES PARA LA CASA

ORACIÓN PARA ENCONTRAR OBJETOS PERDIDOS

Amados ángeles:

Les pido que me enseñen una señal que me ayude a encontrar mi (nombre del objeto) que se perdió. Siento que está cerca, en algún lugar, solo necesito una pequeña señal que me indique la dirección correcta.

ORACIÓN PARA MUDARSE A
UNA CASA MARAVILLOSA

Amados ángeles:

Gracias por darme la señal para saber si debo mudarme y si este es el mejor lugar para que me vaya. Por favor, guíenme en todos los aspectos de esta mudanza que me proponen y ayúdenme a darme cuenta de sus señales y a seguirlas.

ORACIÓN PARA PROTEGER PERTENENCIAS

Amados ángeles:

Por favor enséñenme una señal de que, mientras esté fuera, mi casa y mis pertenencias permanecen seguras y a salvo de cualquier intrusión que no deseo. Si hay algo más que pueda hacer para proteger mi casa, por favor denme una señal para que lo sepa.

Oraciones para propósito de vida, trabajo y economía

Oración para cambiar de trabajo

Amados ángeles:

Necesito su consejo en cuanto a qué trabajo debo elegir. Por favor, envíenme señales y guía hacia el mejor trabajo que satisfaga mis necesidades emocionales, espirituales, financieras e intelectuales.

Oración por seguridad económica

Amados ángeles:

Gracias por guiarme con claridad hacia los pasos que puedo seguir para obtener seguridad económica. Agradezco que me den señales que me ayuden a sentirme seguro en cuanto a mi situación financiera y que me asegure que ustedes están ayudándome con mis finanzas.

Oración para descubrir
tu propósito de vida

Amados ángeles:

Me gustaría saber cuál es mi propósito en la tierra y en qué manera puedo incorporar esa misión a un trabajo maravillosamente satisfactorio que me mantenga económicamente. Por favor, envíenme señales claras que note y entienda con facilidad para que me guíen hacia mi verdadero propósito de vida.

Oración para pagar las deudas

Amados ángeles:

Por favor, envíenme señales que me confirmen que mis deudas serán pagadas y que me guíen para aumentar mis ingresos y disminuir mis gastos. Gracias por ayudarme a pagar todas mis deudas fácilmente, sin esfuerzo y porque me sobra dinero para compartir y gastar.

ORACIÓN PARA TRABAJO INDEPENDIENTE

Amados ángeles:

Gracias por enviarme señales que me guíen a lo largo del camino de mi trabajo independiente. Agradezco que me den ideas, relaciones, estabilidad económica y (cualquier cosa que necesites) *para ayudarme con mi empresa.*

ORACIONES PARA LA VIDA

ORACIÓN PARA ATRAER A TU ALMA GEMELA

Amados ángeles:

Gracias por mandarme las señales que me llevan hacia mi alma gemela. Por favor, ayúdenme a reconocerlas y seguirlas para prepararme mejor para mi maravillosa relación amorosa.

ORACIÓN PARA SANAR EL CORAZÓN

Amados ángeles:

Necesito su ayuda, su consuelo, su tranquilidad y su amor. Por favor, ayúdenme a soltar la tristeza, el dolor, la amargura y la decepción. Por favor, envíenme señales para saber que mi corazón está sanando y que todo está bien.

ORACIÓN PARA ATRAER AMOR

Amados ángeles:

Agradezco que intervengan en mi vida amorosa para que me sienta satisfecho en el aspecto romántico. Por favor, guíenme con señales para que pueda dar los pasos que aumenten el romance en mi vida.

ORACIÓN PARA SABER SI DEBES IRTE O QUEDARTE

Amados ángeles:

Estoy confundido en cuanto a si debo terminar con mi relación actual o no. Por favor, denme las señales que me ayuden a tomar la decisión con amor y claridad.

ORACIÓN PARA RECONOCER A TU ALMA GEMELA

Amados ángeles:

Necesito saber si (nombre de la persona) *es mi alma gemela. Por favor, denme señales claras que me ayuden a darme cuenta si esta persona y mi relación con ella se convertirá en la relación romántica que deseo.*

ORACIONES PARA MANIFESTAR

ORACIÓN PARA ATRAER NUEVOS AMIGOS

Amados ángeles:

Gracias por ayudarme a atraer gente que sea divertida, solidaria, sana, interesante (di otras características que sean importantes para ti) *para que sea mi amiga. Por favor, denme señales que me lleven a la dirección correcta hacia mis nuevos amigos.*

Oración para crear abundancia

Amados ángeles:

Estoy listo para formar parte del flujo de la abundancia económica y les pido que me envíen señales claras en cuanto a lo que debo hacer para atraer prosperidad. Por favor, ayúdenme a reconocer, entender y seguir estas señales.

Oración para tomar una decisión

Amados ángeles:

Necesito tomar una decisión entre (nombre de la primera opción) *y* (nombre de la segunda opción), *y me gustaría contar con sus señales y su guía para saber cuál de las dos opciones me dará mayor cantidad de paz.*

Epílogo

Como hemos visto a lo largo de este libro, las señales se presentan en diferentes formas y situaciones. Son profundamente personales y, lo que para ti tiene significado, quizá no tenga sentido en la vida de otra persona. Las señales siempre tienen que estar en el contexto de tu petición antes de que puedas recibirlas.

Usar la poderosa guía de las señales alivia cuestiones de ansiedad y control. Finalmente, esforzarte demasiado por hacer que algo suceda puede terminar en contra de tus deseos. Mientras más presionas, al parecer más difícil se vuelve.

Este principio es verdad en muchos aspectos de la vida. Un ejemplo extremo es la manera en que los paracaidistas en caída libre evitan lesionarse cuando chocan contra la tierra al relajar su cuerpo y rodar con la inercia. Los que caen tensos e intentan controlar la caída, suelen terminar con algún tipo de golpe o fractura. Nuestro cuerpo está hecho para trabajar mejor cuando está relajado y en paz.

El mundo mejora conforme mejoramos de manera individual. Por muy compleja que parezca la vida en este planeta, es solo una masa de personas con caminos únicos que intentan arreglárselas. Antes, la gente solía creer que el sufrimiento era parte inherente de la vida y del trabajo. ¡Pero, ya no! Los ángeles han estado tan presentes últimamente porque saben que podemos mejorar la tierra y a nosotros mismos.

Al soltar los miedos, preocupaciones y ganas de controlar, vivimos más felices, más a salvo y mejor. Pide a los ángeles que te muestren señales de que están contigo. Después de que recibas la confirmación, da un paso más allá y pídeles que te guíen hacia tu siguiente movimiento o pídeles que te confirmen que estás en el camino adecuado. Definitivamente recibirás tu señal y, una vez que creas verdaderamente que las señales están ahí y aprendas a reconocerlas, tu vida estará más plena y más bendecida de lo que puedes imaginar.

Estaremos contigo en espíritu durante cada paso del camino.

Con amor,

Doreen y Charles

Sobre los autores

 Doreen Virtue tiene una licenciatura, maestría y doctorado en psicología, además de ser clarividente que trabaja con el reino angélico. Vive en Hawái, Estados Unidos. Es autora del libro y cartas del oráculo *Sanación con los ángeles*; *Arcángeles & maestros ascendidos*; y *Terapia con ángeles*, entre otros trabajos. Sus obras se encuentran en casi cualquier idioma.

Doreen ha participado en el programa de *Oprah, CNN, The View* y otros más de radio y televisión. Colabora de manera regular con las revistas *Woman's World, New Age Retailes* y *Spirit & Destiny*. Para obtener más información sobre Doreen y los talleres que ofrece, visita www.AngelTherapy.com

Puedes escuchar semanalmente a Doreen en su programa de radio en vivo o pedirle una lectura, visita HayHouseRadio.com

❖ ❖ ❖

Charles Virtue es el hijo mayor de Doreen Virtue y es profesor de *Working with Your Angels*. Charles siempre ha subrayado la importancia del poder de los pensamientos y la manera en que se manifiestan en la realidad. Después de trabajar con y alrededor de su madre y de ayudarla en sus cursos de certificación durante más de siete años, ahora imparte clases por todo el mundo.

Para obtener más información sobre Charles y sus enseñanzas, audiolibros y otros productos, visita su página de internet www.CharlesVirtue.com Ahí encontrarás su biografía, fotos, calendario de eventos e información sobre cómo pedir una lectura angélica con él.

TÍTULOS DE ESTA COLECCIÓN

Impreso en los talleres de
MUJICA IMPRESOR, S.A. de C.V.
Calle camelia No. 4, Col. El Manto,
Deleg. Iztapalapa, México, D.F.
Tel: 5686-3101.